雄安智库报告 （第一辑）

Think Tank Reports of Xiong'an（Series 1）

主　编◎黄群慧
副主编◎史　丹　崔民选　李海舰（常务）

经济管理出版社
ECONOMY & MANAGEMENT PUBLISHING HOUSE

图书在版编目（CIP）数据

雄安智库报告（第一辑）/黄群慧主编. —北京：经济管理出版社，2017.9
ISBN 978-7-5096-5425-5

Ⅰ.①雄…　Ⅱ.①黄…　Ⅲ.①区域经济发展—研究报告—河北　②社会发展—研究报告—河北　Ⅳ.①F127.22

中国版本图书馆 CIP 数据核字（2017）第 242248 号

组稿编辑：张永美
责任编辑：王格格　胡　茜
责任印制：黄章平
责任校对：王纪慧

出版发行：经济管理出版社
　　　　　（北京市海淀区北蜂窝 8 号中雅大厦 A 座 11 层　100038）
网　　　址：www. E-mp. com. cn
电　　　话：（010）51915602
印　　　刷：北京晨旭印刷厂
经　　　销：新华书店
开　　　本：787mm×1092mm /16
印　　　张：9.25
字　　　数：81 千字
版　　　次：2017 年 10 月第 1 版　　2017 年 10 月第 1 次印刷
书　　　号：ISBN 978-7-5096-5425-5
定　　　价：48.00 元

代序一　着力打造京津冀协同发展和雄安新区发展研究的高端专业化智库

王伟光

（中国社会科学院院长）

雄安新区是中共中央、国务院批准设立的具有全国意义的新区，这是以习近平同志为核心的党中央做出的一项重大的历史性战略选择，是千年大计、国家大事。中国社会科学院（以下简称"社科院"或"我院"）作为党中央、国务院的思想库、智囊团，是首批国家高端智库试点单位，全力服务国家重大发展战略，努力为党中央、国务院科学决策做出应有的贡献。雄安新区设立以来，我院专家学者在决策咨询、政策解读等方面，已较好地发挥了决策咨询和舆论引导作用。为了更好地服务党中央这一重大决策，我院决定在"中国社会科学院京津冀协同发展智库"的基础上，加挂成立"中国社会科学院雄安发展研究智库"，继续利用工业经济研究所的科研优势和学科影响力，着力打造京津冀协同发展和雄安新区发展研究的高水平的国家专业智库。

2014 年以来，习近平总书记多次深入京津冀三地调研，对京津冀协同发展做出重要指示。三年来，京津冀协同发展取得了显著的阶段性成效，得到了社会各界的称赞。设立雄安新区是以习近平同志为核心的党中央为深入推进京津冀协同发展做出的一项重大决策部署，对北京"大城市病"治理、优化京津冀空间结构和促进区域协调发展具有重大的现实意义和深远的历史意义。北京的"大城市病"问题是大家感同身受、有目共睹的，交通拥堵、雾霾频发、资源短缺、房价过高等问题比较突出，已明显影响到城市居民的正常生活秩序和城市持续发展。同时，我们也应该清楚地看到，京津冀三地虽然地理相邻、交通相连、文化相亲，但地区差距依然较大，一体化程度不高，各地比较优势没有充分发挥，产业协作比较困难。雄安新区正是着眼于解决京津冀区域这些突出的现实问题而设立的，雄安新区作为京津冀区域新兴的增长极，将与深圳经济特区、上海浦东新区一样，成为新时期引领区域经济发展的具有全国意义的新区。如果说 20 世纪 80 年代深圳对外开放带领珠三角的崛起，20 世纪 90 年代浦东新区开放带动长三角的腾飞，现阶段，雄安新区开发建设无疑将促进京津冀高水平协同发展和加快形成具有竞争优势的世界级城市群。

本届论坛的主题是"新理念引领新发展"，高度契合了中央对雄安新区的发展定位。中央已经明确提出，雄安新区规划建设发展要坚持保护和弘扬中华优秀传统文化，延续历史文脉，建设非首都功能疏解集中承载地，建设绿色、生态、宜居新城区，创新发展引领区，协同发展示范区，开放发展先行区，打造贯彻落实新发展理念的创新发展示范区。目前，尽管雄安新区的三个县发展水平不高，工业化和城镇化相对缓慢，但是区位优势明显，对外交通便利，资源环境承载能力强，生态环境较好，可用于城市建设和产业发展的空间较大。这个地方现阶段犹如一张空白的纸，可以高标准、高起点地规划建设一座以新发展理念引领的现代新型城区。因此，大家可以期待，经过高水平规划和集中开发建设，雄安新区这座坐落于白洋淀之畔的未来之城，将成为我国未来践行五大发展理念的样板城市，智慧、创新、绿色、开放、包容、共享将成为城市发展的基本元素。富有魅力的雄安新区今后将是海内外高层次人才、高校科研院所、企业事业总部和高端高精产业的集聚之地。此外，雄安新区也有望打破京津双核的区域结构，成为京津冀世界城市群的核心城市，与天津一起，共同形成京津雄三核联动发展的新格局。

我院工业经济研究所是以产业经济、区域经济和企业管理三大学科为核心，长期从事国家重大现实问题研究的专业性学术机构。建所40年来，一代又一代工经人始终牢记立所使命，不忘建所初心，矢志不渝地为党中央重大决策和国家战略贡献自己的智慧，并取得了丰硕的研究成果，在业内享有较高的学术声誉和社会知名度。2016年1月，我院依托工业经济研究所成立了中国社会科学院京津冀协同发展智库，一年来，工业经济研究所紧紧围绕党中央、国务院关于京津冀协同发展战略的重点工作，组织所内外科研力量开展了一系列的专题研究，率先在国内外发布了《京津冀协同发展指数报告》，并开展京津冀协同发展阶段成就的问卷调查，研究结果比较客观地反映了京津冀协同发展取得的阶段成果，得到了社会各界的广泛认可，并确立了我院在京津冀协同发展决策咨询与战略研究中的重要地位。因此我相信，中国社会科学院雄安发展研究智库成立以后，工业经济研究所将会继续服务于国家战略，与各理事单位和社会各界开展深入合作，共同致力于雄安新区规划建设发展的相关课题研究、学术研讨、政策咨询、舆论引导等工作，努力为雄安新区发展做出重要的贡献，在雄安新区发展研究方面发出中国社会科学院的声音。

代序二　雄安新区要走新型城镇化道路

蔡　昉

（中国社会科学院副院长）

中国社会科学院既是国家级的哲学社会科学人文科学最高研究机构，同时也履行着党中央、国务院的思想库、智囊团的职能，还是首批国家高端综合智库的试点单位。哲学社会科学创新和中国特色高端智库的建设都是党中央交给中国社会科学院的任务，对我们来说，完成这两项任务义不容辞。我们认识到，这两项任务是可以互相促进的。与此同时，两者也有各自的一些特点，其中一个特点就是智库的研究选题要更快，研究人员要更敏感地抓住重大问题，为党和国家的重大战略部署建言献策。

2017 年 4 月 1 日，党中央、国务院决定成立雄安新区，这是以习近平同志为核心的党中央做出的一项重大的历史性战略选择，是千年大计、国家大事。为了积极发挥中国社会科学院的智库功能，服务雄安新区发展的国家战略，中国社会科学院决定在专业化智库体系中增加雄安发展研究智库。这个智库依托中国社会科学院工业经济研究所，在京津冀协同发展智库的基础上加挂组建而成，目的是为了促进雄安新区发展，贡献中国社会科学院的专业力量。中国社科院工业经济研究所一直以来都在对京津冀协同发展进行跟踪研究，前不久还发布了《京津冀协同发展指数报告》。

自 2017 年 4 月 1 日雄安新区宣布成立以来，工业经济研究所相关研究人员进行了大量的研究，已经提交了多篇政策报告，及时地发挥了咨政建言的作用。如今成立中国社会科学院雄安发展研究智库，无疑又提供了一个更好的服务雄安新区发展的智力平台。在首届雄安发展论坛上，我想就与雄安新区发展相关的问题谈一点自己的看法。

雄安新区是党中央、国务院为了解决北京"大城市病"、创新区域发展路径、打造新的经济增长极进行的重要部署。它不同于一般意义上的新区，它的定位首先是北京非首都功能，甚至非核心首都功能疏解的集中承载地。雄安新区总体上应着眼于城市功能和形态的开发，推动生活、生产和生态功能同步规划、协调发展，加快形成主导功能明确、空间集约、产城融合、城乡协调的发展格局。总的来说，就是新型城镇化战略的一个重要试验。所以，要以新型城镇化为标准，高起点设计、高标准建设，克服传统城镇化的不足。因为雄安新区的建立是一个新生事物，我们对党中央、国务院的战略布局理解得还不够透彻，我在这里主要列出几例传统城镇化的不足，以期在雄安新区建设实践中给予回答。

第一，我们传统的城镇化还不完全是以人为核心的城镇化。如基本公共服务的提供还未实现完全均等化，1.7亿农民工和他们的家属还没有充分被包容在基本公共服务之中，他们还没有真正地落户成为市民，所以现在还不能说是完全以人为核心。当然，我们正在朝这一方向努力，新区的建设更应该以人为核心。我们说城市应该成为一个创新中心，也就是一个创意中心。这个创新创意中心是靠人来形成的，这里讲的人不仅是受过高等教育的人，不仅是高科技人才，而且是一个人的生态群落，包括所有的劳动者。世界上最有创造力和活力的城市，无一不是具有高度包容性，能够吸引和愿意接纳各类人群的地方。

第二，我们传统的城镇化在大城市、中等城市、小城市和小城镇之间还没有形成一个相互协调互补、各具优势的合理布局。城市千篇一律，不仅指城市规划，也包括产业结构雷同。不同产业对规模经济有不同的需求，所以很自然，一些城市就缺乏竞争力，如小城市和小城镇就缺乏活力。2001年小城镇就已经放开了户籍制度，但是迄今为止也没有人愿意落户，因为那里没有足够的就业机会，没有足够的经济活动。大城市则容易患各种疾病，我们称之为"大城市病"。"大城市病"并不是规模大带来的，而是因为规模扩大之后，却没有相应的基本公共服务和治理能力去统筹庞大的人口。因此，这也应该是雄安新区建设要探索的一个方面。对新区的设计，不仅需要着眼于传统意义上的城市规划，更要在体制上有所突破，这样才能形成特色，有比较优势才有竞争力。

第三，绿色城镇化还没有成为我们的战略出发点和实践的立足点。从产业、治理、生活、环境各个方面看，传统城市还没有完全绿色化。习近平总书记讲绿水青山就是金山银山，既是美丽乡村的建设指导思想，也是绿色发展的理论基础。我们要进行的是美丽中国建设，既包括美丽乡村也包括美丽城镇。因此，说绿水青山就是金山银山，当然也包括城市的净水蓝天也是金山银山的含义，这是我们所讲的所谓城市宜居性的真谛。

第四，我们传统城镇化的不足是还没有形成一个可持续的财政和融资机制。很多城市的建设还过度依赖土地财政，基础设施建设还是传统模式，我们还没有探索出一个成功的融资渠道，似乎城市基础设施建设的投入都是没有回报的，这样就为城市的排他性做法提供了理论基础。通过新区建设，要探索新的公共财政模式和城市发展融资模式，让城市的建设既是以人为核心的，同时在财力上又是可持续的。

我主要谈以上这些问题，点到为止。我想，通过智库学者对雄安新区思路更广的研究，以及对雄安新区自身的实践，最终可以解决上述这些传统城镇化中存在的问题，并探索出一条以人为核心的新型城镇化的道路。

代序三　准确把握雄安新区产业发展定位

黄群慧

（中国社会科学院工业经济研究所所长、研究员）

2017 年 4 月 1 日，中共中央、国务院决定设立河北雄安新区。河北雄安新区的设立是继深圳经济特区和上海浦东新区之后又一具有全国意义的新区，是千年大计、国家大事。正如王伟光院长、蔡昉副院长所指出的，中国社会科学院作为党中央、国务院的思想库、智囊团，作为国家高端综合智库，有责任、有义务全力服务国家重大发展战略，投身到河北雄安新区这一伟大的实践中去，在雄安新区建设中努力发挥咨政建言、舆论引导、社会服务等重要功能，通过参与雄安新区建设的实践，持续推动理论创新。

中国社会科学院工业经济研究所是以研究产业经济、区域经济和企业管理三大领域为主的现实应用经济类研究所，基于对区域经济和产业经济的长期学术积累，近些年来工业经济研究所围绕京津冀协同发展问题进行了大量研究。2015 年，经院党组批准，由工业经济研究所牵头，筹建中国社会科学院京津冀协同发展智库。作为中国社会科学院专业智库之一，2016年 1 月 6 日中国社会科学院京津冀协同发展智库在保定正式揭牌成立。迄今为止，中国社会科学院京津冀协同发展智库已经完成了《京津冀协同发展指数报告》等一批有关京津冀协同发展的科研成果，为推进京津冀协同发展研究提供了有效的智力支持。我们构建的京津冀协同发展指数，是国内首次尝试以新发展理念为指导，对应包括创新、协调、绿色、开放和共享五大发展指数及综合指数"1+5"的指数体系，全面动态跟踪评价京津冀协同发展水平的一项成果。另外，自 2014 年工业经济研究所与保定市人民政府签订战略合作协议以来，一直跟踪研究保定地区的社会经济发展问题，受保定市政府委托，保定市"十三五"社会经济发展规划由我所起草完成。近年来，我所对雄县、安新和容城三地多次进行调研，也具备了很好的研究基础。

非常感谢院党组和院领导对我所的信任，批准我所在中国社会科学院京津冀协同发展智库基础上加挂成立中国社会科学院雄安发展研究智库，以更好地服务党中央的重大决策，服务于雄安新区建设发展。在未来研究中，我们将牢记习近平总书记关于雄安发展的指示，坚持世界眼光、国际标准、中国特色、高点定位，坚持生态优先、绿色发展，坚持以人民为中心、注重保障和改善民生，坚持保护并弘扬中华优秀传统文化、延续历史文脉，紧紧围绕建设绿色生态宜居新城区、创新驱动发展引领区、协调发展示范区、开放发展先行区的雄安新区基本定位，以及建设雄安新区的七大重点任务开展创造性工作。一是研究建设绿色智慧新城，建成国际一流、绿色、现代、智慧城市问题；二是研究打造优美生态环境，构建蓝绿交织、清新明亮、水城共融的生态城市问题；三是研究发展高端高新产业，积极吸纳和集聚创新要素资源，培育经济增长新动能问题；四是研究提供优质公共服务，建设优质公共设施，创建城市管理新样板问题；五是研究构建快捷高效交通网，打造绿色交通体系问题；六是研究推进体制机制改革，发挥市场在资源配置中的决定性作用和更好地发挥政府作用，激发市场活力问题；七是研究扩大全方位对外开放，打造扩大开放新高地和对外合作新平台问题。

基于我们前期的研究，我个人认为，要成为一个用新发展理念引领的现代化新城，未来的雄安新区既要着力打造一流、绿色、现代、智慧城市，又要打造具有世界影响力、国内领先的科技新城，培育经济发展新亮点。这就要求从产业定位看，一定要能够积极吸纳和集聚创新要素资源、代表未来产业发展方向、产业前后关联度高、有利于京津冀经济增长动能转换的高端产业。以高端制造为先导培育创新生态系统，进而打造高端制造业和生产性服务业融合发展主导的现代产业体系。这种产业体系的构建关键是创新能力，而创新能力的培育不仅在于具体产业本身的发展，而且在于通过加快制度创新，完善创新创业环境，积极吸纳和集聚京津及全国创新要素资源，打造优良的创新生态系统。雄安新区产业的空间布局形式要为探索人口与经济密集地区优化开发模式做出示范，要符合现代、绿色和智慧城市的定位要求。雄安新区的发展必须坚持以人为本，高度重视产业区与生活区的合理布局，在开发建设过程中注重人口、产业集聚与基础设施建设、社会公共服务设施的协同推进，实现职住平衡、产城融合，产业、城市、人口和谐发展。从产业成长和城市发展的动力角度来划分，雄安新区的发展分为三个阶段：一是通过行政手段疏解北京非首都功能的"转移初创"阶段。伴随着大量的企事业单位从北京迁到雄安新区，雄安新区产业获得了一个发展"初速度"，该阶段的产业成长和城市发展动力来自行政推进，预计该阶段应该延续到2020年后。二是雄安产业成长从行政推进逐步转向自我发展的"转型换挡"阶段。伴随着疏解非首都功能的逐步完成，雄安产业成长和城市发展的行政动力逐步弱化，在体制机制不断完善的背景下，新的市场化动力和企业自生能力逐步培育形成，这个阶段预计至少也需要3年的时间。三是雄安产业和城市主要依靠市场化力量在竞争中自我成长的"创新发展"阶段。如果"转移初创""转型换挡"这两个阶段实施得比较成功，预计雄安新区最晚应该在 2025 年步入这个阶段，雄安产业和城市步入通过创新驱动获得加速发展的新时期。

今后，中国社会科学院雄安发展研究智库将按照院党组和王伟光院长的要求，与各理事单位和社会各界开展深入合作，共同致力于雄安新区规划建设发展的相关课题研究、学术研讨、政策咨询、舆论引导等工作，努力为雄安新区发展贡献自己的力量。

目　录

雄安新区要探索绿色治理模式　　　　　　　李维安/1

雄安新区在全球价值链中积极有为　　　　　李善同/4

营造雄安新区创新生态　　　　　　　　　　纪良纲/6

准确把握雄安新区的定位与独特性　　　　　刘秉镰/11

雄安新区与京、保及河北周边地区的关系　　肖金成/16

建设没有"城市病"的雄安新区　　　　　　　赵弘/20

雄安新区重大意义与课题研究　　　　　　　钟会兵/27

把握雄安新区的发展定位　　　　　　　　　彭建强/31

华润集团参与雄安新区建设的进展　　　　　张大为/35

发挥招商集团优势　助力雄安新区建设　　　杨天平/39

雄安新区发展定位的再思考　　　　　　　　杨宜勇/44

雄安新区：中国城市发展新模式的试验　　　倪鹏飞/54

京津冀的生态建设与雄安新区可持续发展　　魏后凯/59

汇聚众智　献计雄安　　　　　　　　　　　张世贤/64

新闻媒体关于中国社会科学院雄安发展研究智库的报道/69

后　记/128

雄安新区要探索绿色治理模式

李维安

（天津财经大学校长、教授）

京津冀协同发展研究院成立以后取得了一系列丰硕的研究和咨询成果，如今，又在这个基础上，加挂成立了中国社会科学院雄安发展研究智库。

京津冀协同发展是国家的一项重大战略，这个智库作为国家智库，在发挥国家智库作用的同时，也带领了我们一系列智库的发展。像我们天津的京津冀协同发展研究院，还有河北等其他地方，都在国家智库的带领下互相支持，互相作为理事单位，在国家战略的发展方面取得了丰硕的成果。中国社会科学院京津冀协同发展研究院在不长的时间里就推出了《京津冀协同发展指数》等一些标志性成果，为国家京津冀协同发展战略做出了很大贡献。我们在这里也由此能展望到，雄安发展研究智库的成立，也会为雄安的发展，或者这个国家确定的重大战略做出应有的贡献。

对于研究智库的发展，我主要谈一个观点，就是雄安作为一个新的城市，它的发展应该是在绿色治理理念和原则的基础上进行总体设计和发展。我为什么提出这个观点？从现在京津冀已有的环境承载力来看，如果仍采用传统的发展城市的思路，现有的环境承载力已经饱和了。再加一个大城市，结果大家可想而知。要跳出传统的发展观，我们首先应该树立一个绿色治理的理念和原则，而绿色治理的理念不同于以往经济发展，包括经济学的想法。就是它不仅是人类的需求或者多样无限的需求与稀缺性的关系，在城市的设计发展上，在很大程度上还应该是人类需求的多样性和无限性与环境的可承载力的关系。就像我们让河北的钢厂关门或限产，人家有些不服气，会说这在美国和澳大利亚都是合规的，你为什么让我关门或者限产。但是我们说，在京津冀这个区域里，钢产量早已超过了某些国家的钢产量，也就是说，超过了京津冀这个区域的环境可承载的限度。

因此，从根本上，所有的新产业、所有的新产品都有周期。雄安新区的建设别说是千年大计，就是百年大计，所有现在你认为的新产业、新产品、新的建筑都会因周期而被淘汰。我们提倡绿色治理也就是考虑发展的可持续性。而且，绿色治理还具有很大的包容性，不仅是包容我们贫穷的人口，而且人要和自然相融合，也就是我们以前讲的"天人合一"，现在必须在这个状态下建设。在这个基础上，我们的城市总体设计功能有绿色治理，我们的企业绿色生产有绿色供应链，我们的消费者绿色消费，行政有绿色行政。我们讲了这么多绿色不是点缀，而是应该有绿色治理的理念和发展。

最近我们在制定绿色治理准则，将会颁布绿色治理准则的中文、英文和日文版，这个理念和我们的五大发展理念是吻合的，希望能对雄安新区的发展，特别是最早功能的设计有所启示。

雄安新区在全球价值链中积极有为

李善同

（国务院发展研究中心发展战略和区域

经济研究部原部长、研究员）

关于雄安新区的发展，我并没有特别深入地研究。回顾我们过去在京津冀方面的一些研究成果，如我们在 21 世纪初的时候研究经济一体化，就利用了"金税工程"研究审计贸易中心。可以发现，中国贸易中心分布于长三角、珠三角、京津冀，还有北部甘肃一带。京津冀占整个市场份额的 30% 左右，这说明了京津冀的重要性。世界银行 2008 年的《世界发展报告》当中讲集聚问题的时候，也讲到了关于中国几个集聚中心，从南向北，包括珠三角、长三角和京津冀。

最近我们在研究全球价值链，大家知道，从 20 世纪 60 年代开始，贸易和投资不断自由化和便利化，通信和交通基础设施成本不断下降，全球的产业分工，由原来的产业间分工变成产业内部的分工，形成了全球价值链。最近我们也研究全球价值链下中国产业到底应该怎么升级，区域怎么发展。我们在研究的时候就发现，就国内来讲，三个重要的增长极是珠三角、长三角和京津冀。它们在全球价值链中起到的作用是非常大的，在国内的价值链中间起的作用也是非常大的。所以从国内贸易、经济集聚、全球价值链的视角来讲，京津冀在未来中国发展中的作用是非常大的。雄安新区的发展是为了大城市更好地发挥它的作用，如果我们说新理念，就是关于在全球价值链的视角下我们国家怎么实现更进一步的产业升级和区域一体化，以及区域价值链的搭建。所以我觉得，雄安新区今后在这个方面能起到非常重要的作用。因为它疏解了非首都功能，对大城市能够起到更重要的集聚和带动效应。另外，现在我们看到了，很多研发和大公司总部可能都会在雄安得到进一步发展的机会。这样一来，中国在全球价值链上的升级就指向两端，一是在研发方面升级，二是在营销和服务方面升级。对于这两端的升级，我认为雄安会起到更重要的作用。所以除了绿色、以人为本以外，我觉得从新的理念来讲，雄安在今后的全球价值链上对中国进一步的产业升级和国内价值链的搭建会起到更重要的作用。

营造雄安新区创新生态

纪良纲

（河北经贸大学校长、教授）

中国社会科学院是国家高端智库试点建设单位，工业经济研究所更是名家云集，成果卓越，相信中国社会科学院雄安发展研究智库今后能够发挥自身优势，整合多方优势资源，为雄安新区的建设发展提供有效的智力支持。

作为京津冀协同发展智库的成员单位，河北经贸大学与中国社会科学院工业经济研究所有持续多年的深入合作。作为河北省唯一一所财经类重点骨干大学，河北经贸大学紧紧围绕对接服务雄安新区规划建设，发挥经、管、法多学科优势，于2017年4月联合北京大学、南开大学、佐治亚理工学院等机构率先成立了雄安开发研究院。自成立以来，我们已公开发表论文7篇，应邀向中共中央办公厅、河北省委宣传部、河北省委办公厅提交研究报告15篇，与南开大学、北京大学共同主办"雄安新区与京津冀协同发展：理论及政策"高端论坛，会议成果得到了中央政治局常委、国务院副总理张高丽的肯定性批示。我校已有两位教授担任河北省推进京津冀协同发展专家咨询委员会委员、雄安新区规划建设专项咨询小组成员。河北经贸大学在服务雄安新区建设方面扮演着不可或缺的重要角色。下一步，我们希望能与中国社会科学院雄安发展研究智库深入交流、密切合作，一起为雄安新区和京津冀协同发展提供更高质量的决策参考和智力支持。

下面我就雄安新区创新生态营造，谈几点自己的看法。

第一，雄安新区创新发展需要营造创新生态。

雄安新区与当年的深圳和上海所处的时空背景不同。从外部看，全球经济深度调整，部分国家出现了贸易保护和反全球化的声音。从内部看，中国经济进入新常态，面临增速换挡、结构调整和动能转换。从发展阶段来看，我国经济进入工业化后期阶段，人口红利逐渐消失，资源环境约束强化，出口和投资拉动经济增长的传统模式不可持续。从地理位置来看，雄安新区没有深圳和浦东的沿海临港优势，也缺乏有深厚市场经济底蕴的腹地。

在新形势下，雄安新区担负着以供给侧结构性改革推进经济提质增效、打造创新驱动发展引领区的战略重任，必须走创新发展之路，引领经济发展新常态，开创国家新区和城市发展的全新模式。

创新的本质是"建立一种新的生产函数"，即企业家对生产要素进行重新组合，以获取潜在利润。创新不仅包括生产领域的技术创新和产品创新，还包括非生产领域的制度创新、管理创新、商业模式创新、文化创新等。创新也更加强调营造政、产、学、研、资、用协同共生的创新生态系统的重要性。

对于创新雄安建设而言，制度创新重于技术创新，创新生态营造重于局部创新优势形成。因此，创新生态营造至关重要。创新生态系统中，企业肩负着技术创新、产品创新、管理创新和商业模式创新使命，科研院所和大学肩负着知识创新和技术创新使命，金融机构肩负着金融创新使命，政府肩负着制度创新使命，中介组织是各种创新资源和创新主体的黏合剂，用户是创新成果的"用脚投票者"。各类创新主体紧密联系、协同共生，才能形成有利于创新的生态系统。

第二，雄安新区创新生态营建的政策性思考。

雄安新区营造创新生态，需要以企业为主体，以市场为导向，以人才为抓手，以资本为支撑，以科技创新为源头，以产业创新为终端，以体制机制创新为保障，打破思维定式，转变发展理念，引导创新要素向新区集聚，发展高端高新产业，培育创新驱动发展的"雄安样板"。

一是培育壮大创新企业主体。发挥市场对技术研发方向、路线选择和各类创新资源配置的导向作用，促进企业真正成为技术创新决策、研发投入、科研组织和成果转化的主体。对于雄安新区已有和迁入的国有企业，要加快推进混合所有制改革，引进民间资本，优化公司治理结构，激发企业创新活力。

政府可以探索长期持有部分企业非控股股权，加强政府和企业之间的联系，但不干预企业运营。对于大量的中小微企业，要大力发展科技金融，为其提供融资支持，帮助初创企业度过"死亡之谷"。深入实施"放管服"，推进大众创业、万众创新，让雄安新区变成创新创业的乐园。超规格建设一批国家级和省级重点实验室、工程实验室、工程（技术）研发中心、科技孵化器、公共技术服务平台和产业技术创新联盟，降低企业创新创业的风险和成本，帮助科技型中小企业解决共性关键技术难题，推进科技成果转化和产业化。

二是集聚创新要素资源。面向京津乃至全球科技创新资源，积极推动"京津雄创新圈"建设，在雄安新区建设一批联合研发基地、协同创新中心和科技成果转化基地，推进"京津研发+雄安转化"，联手打造"全国创新驱动经济增长新引擎"。实施人才优先发展战略，大力实施创新型人才专项计划，吸引人才集聚，建设规模宏大的人才队伍。高度重视金融资本对科技创新的助推作用，培育壮大创业投资，扩大促进创业投资企业发展的税收优惠政策，放宽创业投资企业投资高新技术企业的条件限制。发展多层次资本市场，促进资本链与创新链的对接，提高信贷支持创新的灵活性和便利性，争取新三板落户雄安新区，建设区域性股权交易市场，支持符合条件的科技型企业发行公司债券等。开展股权众筹融资试点，积极探索和规范发展服务创新的互联网金融，形成各类金融工具协同支持创新发展的良好局面。

三是构建激励创新的体制机制。深化科技管理体制改革，推动政府从研发管理向创新服务转变。破除束缚创新和成果转化的制度障碍，完善科技成果转化的激励机制和收益分配机制，促进创新成果高效转化和创新收益合理分配。要营造激励创新的市场环境，激发市场活力，充分发挥市场在配置创新资源中的决定性作用。构建普惠性创新政策支持体系，更好地发挥政府在创新薄弱环节和共性关键技术领域提供政策支持的作用。健全创新驱动的法律保护体系，建立知识产权法庭，强化专利保护，研究商业模式等新形态创新成果的知识产权保护办法。推进人才发展体制和政策创新，破除束缚人才发展的体制机制障碍，切实为人才"松绑"。建立健全人才流动机制，完善人才激励机制，营造良好的人才发展环境，让高端人才不仅能够被引进来，还能留得住、用得好。

四是营造鼓励创新、宽容失败的社会氛围。自由思考、崇尚冒险，多元包容、开放竞争，鼓励探索、宽容失败是创新文化的基本特征。雄安新区要遵循规律，坚定方向，围绕创新人才需求，创新经费资助支持机制，优化政策保障体系，鼓励各类人才思想自由、大胆创新，营造有利于创新创业的外部环境，建立健全创新创业的激励机制，完善优化社会信用体系，保护支持公平竞争和人才流动，形成鼓励创新、宽容失败的浓郁社会氛围。

准确把握雄安新区的定位与独特性

刘秉镰

（南开大学校长助理、经济与社会发展研究院
院长、京津冀协同发展专家咨询委员会委员、教授）

雄安新区引起了全国甚至全世界的关注，下面我谈一谈个人对雄安新区建设的几点看法：

一是对中央设立雄安新区的定位认识。自 1979 年设立深圳经济特区以来，我国共有 24 个经济特区或新区获批。截至 1992 年，浦东新区之前的 6 个，都是由中共中央和国务院共同批复的。从 2006 年批复天津滨海新区开始，其后的 17 家新区或特区均由国务院批复，这些新区的发展也基本上是由地方主导的。但是，这次雄安新区的设立，又是由中共中央和国务院共同批复的，而且提出这是"千年大计、国家大事"，足以说明中央对雄安新区的高度重视。雄安新区的规划设计也是由中央直接领导的，所以说雄安新区建设是国家重大战略，有了强有力的组织保证，雄安一定会有很好的发展前景。

二是雄安与京津冀协同发展战略的关系。从区域发展的

层级来看，雄安新区是京津冀协同发展战略的重要组成部分，是在京津冀协同发展三周年之际提出的。《京津冀协同发展规划纲要》中对该地区未来发展的目标已经做了明确的说明，那就是要建设世界级城市群。目前全球共有 6 个世界级城市群，其中发达国家有 5 个，还有一个是以上海为中心的长三角地区。一般来说，发达国家世界级城市群有一个基本标准，即人均 GDP 在 3 万美元以上，我们看看北京和天津，大概是 1.5 万美元，河北仅为 7000 美元。如果按照这个目标来测算，北京和天津需要倍增，河北需要 4 倍增。因此，我们说京津冀协同发展不是均贫富，协同是手段，发展是目的。京津冀地区是中国经济社会发展的缩影，各类问题比较集中。有中国最发达的城市北京，也有中国东部地区较为落后的地区，如河北还有 50 多个贫困县。所以说，这个地区问题的解决，对全国都有示范作用。特别是中央提出了一个很高的目标，要建设世界级城市群，我觉得要从这个角度来看雄安，不仅是一个新城的建设，还涉及它与京津冀其他城市的关系，以及改革的重任。

从雄安的区位来看，它恰好离北京、天津、石家庄这三个京津冀地区最重要的城市都是 110 公里左右。因此，从空间上看，雄安新区的建设应该说对推动整个地区联动发展、对世界级城市群中各城市的互动与联系都有重要的意义，未来应通过雄安新区使北京、天津、石家庄以及其他城市形成网络型空间结构，进而推动三地协同发展。

三是雄安新区建设的独特性。1979 年我国设立深圳经济特区以来，中央共批复了 24 个新区或者特区，最成功的是深圳和浦东。比较雄安与深圳、浦东，我们会发现一些值得深思的问题。雄安和浦东、深圳所处的历史阶段不同，深圳的批复是在中国改革开放伊始，浦东的批复是在改革开放初期，都是中国进入快速增长的前期，如果从经济增长率的时间序列来看，这两个新区恰恰在中国快速发展周期的初始阶段，因而它们都得益于中国高速增长的推力，便于各种要素快速集聚。雄安和它们不一样，大家都知道，我们目前正处在"L"型经济筑底的时期，经济增长不可能沿用深圳和浦东的模式。

还有一个不同点是区位特征，深圳和浦东都是港口城市，外向型经济发展非常容易，自贸区政策首先落在了上海，第二批就是广州、深圳。因此，这两个特区均可利用临海、临港优势集聚要素，并快速和国际市场接轨。雄安离海边 100 多公里，因此其要素集聚方式也必然有所不同。

从城市发展的一般规律来看，雄安也有其独特性。深圳和浦东均可以享受大都市、成熟都市城市蔓延的福利，或者说这样一种红利。浦东和浦西一江之隔，修几个隧道和桥就连通了。深圳靠近中国香港，充分享受了香港要素转移的红利。从经济学的角度来看，这两个城市都是通过大都市蔓延发展起来的。雄安则不然，雄安离北京、天津和石家庄都有 100 多公里，所以我觉得，雄安必须走自主发展的道路。我们不能仅依靠承载非首都功能的转移，应该与内生性发展相结合。

雄安面临的一个重要问题是改革，我觉得最大的难题是在新的形势下进行有效的城市治理，实现赶超战略问题。中央提出雄安建设应与北京非首都功能的疏解相结合，但仅靠疏解北京非首都功能建设这样一个大都市是不够的。按雄安目前的规划空间来看，首先是 30 平方公里，然后是 100 平方公里、200 平方公里，远期总体的规划面积是 2000 平方公里。如果建成区达到 200 平方公里就应能支撑 200 多万人口，这显然不是一个卫星城的概念，政府部门盖房子容易，但维持一个城市的持续稳定和繁荣是很困难的。如果要做到这一点，就必须有一个完整的产业体系，优良的公共服务和特有的城市文化。对于一个平地而起的城市，只能通过改革才能实现快速的赶超。

我们很高兴地看到，工业经济研究所正在主导雄安新区的发展研究，我觉得这点很重要，我们要为雄安研究一下它的主导产业是什么，形成一个合理的推动城市持续发展的面向未来的产业体系。据我所知，现在正在做两个规划：一个是雄安新区的整体规划，这个当然很重要；另一个就是生态环境保护规划。目前，这两个规划在同步推进。我认为，雄安新区应尽早启动产业规划，这是非常重要的。这个规划不仅能解决有几百万人口城市的就业问题，而且肩负着京津冀产业结构升级和世界级城市群新经济体系建设的重任。

雄安新区与京、保及河北周边地区的关系

肖金成

（国家发展和改革委员会国土开发与地区

经济研究所原所长、研究员）

设立雄安新区的消息一公布，可以用两句话形容当时的情况：第一句话就是"一声春雷震天响"，第二句话就是"一石激起千层浪"。这说明雄安新区受到的关注度比浦东、深圳还要高，大家对雄安新区寄予了很高的期望。京津冀协同发展被称为"一号工程"。如何协同发展？很多人希望党中央、国务院采取更有效的举措，而雄安新区就是促进京津冀协同发展的战略举措。

2015年4月30日，中共中央国务院批准了《京津冀协同发展规划纲要》，提出了两大任务：第一是疏解北京的非首都功能，治理北京的"大城市病"。第二是拉动河北的发展。怎么疏解北京的非首都功能？该纲要提出了疏解的原则，其中一

条就是集中疏解与分散疏解相结合。分散疏解大家很清楚，自己找地方。那么集中疏解是疏解到哪里？大家一直很疑惑，因为一直在保密。现在终于有了答案，就是集中疏解到河北雄安新区。拉动河北的发展、缩小区域差距要有举措，尤其要有战略性的举措，我想设立雄安新区就是这样一个战略性的举措。雄安新区既要疏解北京的非首都功能，又要拉动河北的发展，我想这就是把雄安新区与深圳、浦东相并列的原因所在。

雄安新区如何拉动河北的发展？雄安新区能够起到什么作用？这是值得深入研究的。中国社会科学院雄安发展研究智库应深入研究这个问题。对于疏解北京的非首都功能，也就是哪些单位要搬出去，在《京津冀协同发展纲要》里面说得很清楚，只是还没有公布这个名单。难题或者说难度比较大的就是如何通过雄安新区拉动河北的发展。

我要讲三个问题，或者说是三大关系、三个课题。

第一是雄安新区与北京的关系。

有关领导曾说，雄安新区是北京两翼中的一翼，通州是另一翼。也就是说，雄安新区和北京是有密切关系的，因为在北京的很多中央部委的附属机构要转移过去，教育机构、医疗机构、金融机构、央企总部也要搬迁过去。所以，建设雄安新区是为了减轻北京的压力，河北与北京是共建的关系，北京不能置身事外。我现在比较担忧的是，机构转移过去，人没有转移过去，或者人转移过去上班，晚上又回到北京住。未来雄安新区白天的人一定很多，可以说熙熙攘攘、摩肩接踵，到晚上却没有人了，这不是我们建设雄安新区的目的。我们的目的是人过去办公，一定要在那里住。不仅个人在那里住，全家也在那里住。大家愿意过去，而不是被强制搬过去。因此，未来雄安一定要建设成为环境优美的、宜居的、交通便利的、具有很大吸引力的城市。

第二是雄安新区与保定的关系。

大家已经知道，雄安新区离北京 100 公里，离天津 100 公里，北京离天津也是 100 公里，可以说构成了一个等边三角形。大家可能不知道，雄安新区离保定只有 30 公里，30 公里实际上是很近的，也就是天安门广场到通州的距离。雄安新区轰轰烈烈搞建设，保定怎么办？保定如何定位？我认为这是个问题。我们知道，保定是古城，历史很悠久，清朝的直隶将军府曾经设在保定，河北的省会也曾设在保定。保定和雄安如果相向发展，很快就能连起来。建设雄安新区，保定不能置身事外，也不能不发展。我认为，建设雄安新区，应把保定作为依托。产业应该有所分工，功能也应该有所分工。未来，保定市区应和雄安新区实现一体化发展，人口规模将超过 500 万，成为河北第一个人口超 500 万的大都市。

第三是雄安新区与河北周边地区的关系。

　　雄安新区的主要目标是要拉动河北的发展，但仅雄安新区这 200 平方公里，集聚 200 万人口，是很难拉动河北的发展的。雄安新区的定位，一开始就把深圳和浦东作为参照，深圳经济特区经过 30 多年的发展，已成为一个人口超千万的大都市，带动了整个珠三角的发展。浦东新区经过 20 多年的发展，不仅成为上海市的标志区，而且带动了长三角的发展。雄安新区如何拉动河北的发展？当然要创新，包括体制创新和技术创新，还要聚集创新性的产业，吸引经济要素向雄安和周边聚集。深圳和浦东的发展，依托的是全国乃至全世界的经济要素向其聚集。雄安新区能否聚集全国乃至全世界的经济要素是能否拉动河北发展的关键所在。所以说，雄安新区的发展，一定是全国、全世界要素的聚集，通过聚集带动周边地区乃至整个河北的发展。

建设没有"城市病"的雄安新区

赵 弘

（北京市社会科学院副院长、研究员）

雄安新区正在按照习近平总书记"世界眼光，国际标准，中国特色，高点定位"的要求进行规划。规划阶段对雄安的未来发展极为关键。我认为雄安的规划一定要吸取国内外，特别是北京和我国很多大城市的经验教训，遵循现代城市发展和都市圈演进规律，科学规划，先谋后动，为城市发展奠定好规划基础，建设一个没有"城市病"的雄安。

第一，采取"分散化、组团式"空间布局，防止"摊大饼"模式带来的"城市病"隐患。

国际上已经有很多城市的发展经验证明，一个城市一定会有很强的集聚能力。但如何在集聚的前提下不出现"城市病"，一个最基本的要求，就是要实现城市功能的分散化布局，形成"都市圈"结构。总体上看，城市的功能很完备，规模也很庞大，但是就单个区域看，又不会出现"规模不经济"。我们的"城市病"，很大程度上就是因为没有进行功能的分散化布局，没有按照一个都市圈的演进规律进行空间设计，在单一空间上"摊大饼"，最后超过了一定"空间规模"的限度，违背了"规模经济"的规律而出现"城市病"。

雄安的规划是 200 万~300 万人口，这个规模已经达到我们国家大城市的标准。这样的城市就要进行很好的设计，绝不能通过在单一空间上"摊大饼"来完成 300 万人口的集聚。

前两年，我们考察了瑞典的首都斯德哥尔摩，它和雄安的规划规模差不多。斯德哥尔摩有 200 余万人口，中心城只有 88 万人，周边有 120 万人。这 120 万人分布在几个卫星城之内，有 6 个大一点的卫星城和几个小一点的卫星城。功能的分散化布局，使得整个斯德哥尔摩环境非常优美，中心城与周边的卫星城之间留有大尺度的生态空间，城市的许多功能和人口都在周边布局，整个区域生态环境很好。相比较而言，我国的很多城市别说达到 200 万人，甚至刚达到 100 多万人就出现"城市病"了。我国 600 多个城市，已经有 500 多个城市出现了"城市病"。例如，绵阳市 120 万人口，现在交通拥堵程度排在全国第 29 位。为什么 120 万人会出现"城市病"？廊坊和邢台人口也就是 100 多万，也出现在了中国拥堵城市排行榜的 100 强之内。为什么？我认为就是我们的城市没有做好城市功能的分散化布局设计。一个城市必须进行功能的空间分散化，不能在中心城单一空间上"摊大饼"式扩张。国外的城市大多数都是通过建设新城、卫星城，或者是功能性板块，或者是功能性组团，对整个城市进行功能分散化。我认为雄安也必须这么做。同时，雄安一定要防止与保定连成一片。在这个范围内，一定要做好生态空间的隔离，做好白洋淀区域的生态保护和管控。

近期，我认为雄安要重点做好核心区的建设，但是同时要完善和提升容城、雄县、安新三个县城的品质，划定开发边界和生态红线，控制规模扩张。远期要依据发展需要，分阶段建设周边新城，或者说卫星城，也就是说，雄安本身要形成自己的一个"小都市圈"，不能是简单的"摊大饼"式的一个"中心城区"。未来要设计好雄安的都市圈，这个都市圈可能没有那么大，但是本身要形成一个功能分散的小都市圈。特别是要在规划中预留下周边的新城、卫星城，或者说功能板块、功能组团。这样，雄安经过几十年，甚至一两百年的发展，依然是一个生态化的、城市绿化占比很高的城市，城市与生态环境非常和谐，而不像我们现在绝大多数城市那样满眼望去全是"水泥森林"。这是我提的第一条建议，因为现在雄安正在"打第一根桩"，这根桩打得好不好，关键是空间布局是不是科学。

第二，前瞻性规划轨道交通体系，提高城市的承载能力和运行效率。

我们研究北京的"城市病"，得出来的最基本的结论是什么？北京的功能过多、人口过多固然是客观原因，但是，我们认为，2100 万人口绝不应该产生这么严重的"城市病"。"城市病"产生的根本和直接的原因是"单中心"格局没有突破，北京有很大的空间，人口却过度集聚在中心城，聚集在四环五环以内，没有均衡化布局，大大降低了它的承载力。与这个紧密关联的，就是北京没有形成一个合理的交通结构。这个交通结构是什么？我们研究纽约、东京的城市交通后，得出两条结论，也就是这种规模体量的城市交通要实现两个"主导"：第一个"主导"是公共交通要占城市交通的主导地位，人们出行有 70%~80% 的人是乘坐公共交通工具出行的。这一个"主导"没有什么新鲜感，因为在北京我们也很重视公共交通，一直强调"公交优先"。关键是第二个"主导"，我们忽略了，或者说我们起步晚了：在公共交通结构中，轨道交通一定要占到主导地位，要占到 70%~80%。这样的交通结构才能解决大都市的交通拥堵问题。所以我认为，建立"以轨道交通为主导的公共交通体系是解决大城市交通拥堵的唯一出路"，没有"第二出路"。我们研究完东京等很多国际大城市后发现，它们早期出现了"城市病"，后来又很好地解决了"城市病"，重要的一条经验就是建立起了以轨道交通为主导的公共交通体系。当然，这个交通体系又进一步促进了城市的功能分散化布局。

为什么轨道交通要占主导地位？清华大学交通研究所提供

的数据显示，单位空间资源条件下，小汽车一小时能运 3000 人，公共汽车能运 3000~6000 人，地面上的快轨能运 10000~30000 人，地铁呈网络状能运 30000~70000 人。这么一说大家就明白了，大城市人口这么多，交通需求这么大，应该要建设什么样的交通结构。轨道交通要成体系：15 公里半径内以地铁为主，15~30 公里要采用快线铁路，30~70 公里的卫星城、新城，要建一站到达的市郊铁路。这三个层次的轨道交通构成了一个完备的都市圈所需要的交通支撑条件。我们很多大城市出现"城市病"，很重要的一个原因就在于没有形成与城市空间结构相匹配、与城市规模要求相适应的轨道交通体系，当然也就没有形成合理的都市圈。

对于北京来说，目前轨道交通存在"两个短板"，一是中心城地铁密度远远不足，二是郊区缺乏市郊铁路。在这种情况下，我们的问题就出来了，中心城的交通承载能力不强，而且人口又疏解不出去，形不成中心城到达周边新城、卫星城的"一小时通勤圈"。什么叫"一小时通勤圈"？就是出家门到进办公室门一小时完成，这是人们最能接受的出行时间。我们没有建立起这样一个交通体系。伦敦有 3650 公里的市郊铁路，纽约有 3000 公里的市郊铁路，东京有 2031 公里的市郊铁路，巴黎是 1867 公里，北京真正意义上的市郊铁路是 0。因为没有建立起市郊铁路，因此我们的功能分散不出去。不但北京如此，我们国家很多城市都如此。

一个城市的轨道交通要有前瞻性规划。斯德哥尔摩1945年就开始修建第一条地铁，到现在修了70多年，不曾停顿，中心城的地铁密度很大，周边几个卫星城和组团全部都有市郊铁路。所以斯德哥尔摩人75%~80%是乘坐轨道交通为主导的公共交通工具出行的，城市交通基本不拥堵。

雄安未来规模2000多平方公里，我认为也必须建立以轨道交通为主导的公共交通体系。雄安应该建设三个层次的轨道交通体系：一是核心区要建地铁，提高承载能力；二是三个县城和未来预留的组团之间要建立大站距的快线铁路；三是要建立连接北京、天津、保定、石家庄等几个主要城市的城际快线。

值得说明的一个问题是，我们有很多学者和政府部门官员对"职住平衡、产城融合"这个概念做了过于理想化、绝对化的理解。我认为这会产生很严重的后果。理想化的"职住平衡、产城融合"在计划经济时代可以做到，企业机构"大而全"，既管生产又管生活，还管住房，前面是办公大楼，后面就是宿舍区，或者前面是工厂，不远处建设有宿舍区，人们步行或者骑自行车上下班，实现"职住平衡、产城融合"。今天我们在市场经济条件下，可能只有一部分人的工作地和居住地会在一个区域内，但会有很多人要在一个大的区域内甚至在一个都市圈的主城与卫星城之间寻找就业和居住地。因此，都市圈内的交通需求是不可或缺的。

我举一个例子，伦敦周边有一个城市叫凯恩斯新城，距离伦敦 80 公里，可以看作伦敦的一个卫星城。凯恩斯新城的居住者中有 2/3 在凯恩斯新城就业，但有 1/3 的人在伦敦就业；凯恩斯新城所提供的就业岗位里面，有 2/3 是由当地人来满足的，但有 1/3 的岗位是由来自伦敦和其他地方的人来满足的。所以，如果我们把"产城融合、职住平衡"这个问题理想化了，就会掩盖我们政府的规划建设，包括规划建设市郊铁路这样的快速交通体系的责任，干脆就不去做这样的规划和建设了。结果是什么？结果可能有两个：要么这个卫星城建不起来；要么建起来了，但是通过公路与主城联系，出现"潮汐式"交通拥堵，上班出不来，下班回不去。这两方面的失败例子在北京几十年的卫星城建设中都不少见。因此，一定要重新思考"职住平衡、产城融合"。一方面，在建设新城、卫星城时，一定要布局一部分城市的功能或者产业，尽可能让它解决一部分人就近就业，达到"职住平衡、产城融合"；另一方面，又不理想化、绝对化，规划建设连接主城与新城、卫星城之间的快速交通体系，满足它们之间人们快速出行的需要。总之，我们要遵循市场经济条件下人们就业和居住选择的规律，遵循都市圈演进规律，让我们的城市建设和发展回到城市规律上来，让我们的城市更加和谐，避免"城市病"的困扰。

雄安新区重大意义与课题研究

钟会兵

（天津社会科学院副院长、研究员）

雄安新区发展的规划纲要指出，未来的发展目标就是打造以首都北京为核心的世界级城市群。雄安新区建设的战略意图就是缓解北京的"大城市病"，发挥首都城市的区域增长极效应，以及实验探索新的发展理念。因此，雄安新区将给京津冀乃至中国带来强大的"生态化学反应"。在雄安新区的建设、成长过程中，引导这片土地发生剧变的不仅是千军万马的"拓荒牛"，还有国家赋能和资源引导，这也是国家实力作用于实践的一次伟大实验。因此，从过去和现在来看，雄安新区建设具有平衡南北区域经济的意义，是现实中历史关键点上的一次"以点带面"的决定性改革。未来，雄安新区被赋予了发展模式由外生型转为内生型、由跟随型转为引领型、由单极型转为共赢型，引领未来发展的开创性历史意义。

从城市发展的机制来看，雄安新区建设的意义在于探索创新驱动的城市发展之路，突破城镇化过程中高度依赖土地的弊病；从城市建设规划来看，雄安新区将建成与国际一流城市看齐的宜居绿色城市，雄安新区之新是发展理念、发展路径之新，这将为破解"大城市病"、走出人口资源环境超限的困境，建设现代化宜居城市提供样本；从城市发展动能来看，雄安新区更需要被重视的功能是"贯彻落实新发展理念的创新发展示范区"，这是雄安新区设计初衷的根本所在。雄安新区的核心要义绝不在于接纳从北京剥离出去的产业，而在于高水平、高标准建设出一个以新移民建设力量为主、以高端和发展态势产业为先的经济活力带，进而寻求由这片经济活力带促生出京津冀地区甚至更大范围内的发展活力。

党中央、国务院对雄安新区的定位标准，融绿色生态宜居、创新驱动发展、协调发展、开放发展、体制机制改革为一体，定位之高、意义之大、政策之全、赋予使命之重，前所未有。与此同时，雄安新区开发建设为哲学社会科学领域提出了许多新的研究方向和研究命题。新兴区域的土地开发、资本运营、生态保护、协同发展、社会治理、城市规划设计和管理、产业遴选等都需要用全新的思路和理念进行研究和探索。如何集中疏解北京非首都功能，如何探索人口经济密集地区优化开发新模式，如何调整优化京津冀城市布局和空间结构，如何培育创新驱动发展新引擎，如何落实新发展理念在世界级城市群建设和城市现代化发展中的指导作用，推动经济社会跨越式发展与资源环境的可持续发展等，这些问题需要学术理论界提供强大的思想动力和智力支持。中国社会科学院作为我国哲学社会科学研究的最高殿堂，党中央、国务院重要的思想库和智囊团，具有顶级的科研团队。工业经济研究所在咨政建言方面有非常强大的能力，雄安新区智库的成立，能够更好地利用这些资源，为雄安新区的建设发展提供更高质量的科研服务。

雄安新区的建设，天津责无旁贷，天津市委书记在相关会议上强调，天津将坚决拥护以习近平同志为核心的党中央做出的重大决策部署，坚决拥护和全力支持雄安新区的规划建设，遵从服务于京津冀协同发展大局，自觉打破"一亩三分地"的思维定式，在京津冀协同发展当中定位天津角色、展现天津地位、做出天津贡献，以实际行动服务于国家发展大局。

天津社会科学院特别高兴也非常期待看到中国社会科学院雄安发展研究院的成立，这样一个举动，不仅为我们构建了一个以服务国家战略为导向、助推雄安建设为主旨的智慧交流和合作的对标样板，更重要的是，为中国社会科学院和地方社会科学院的多方合作、共同创造和分享智库价值建立了一个智慧协同平台，有利于中国社会科学院和地方社会科学院在研究上的直接对接，打造出具有中国特色的智库协作平台。我们将主动对接中央智库，加强沟通交流、智力合作，在成果转化、对外交流方面多下功夫，多参与高水平的智库平台建设，多出高质量的智库研究成果。借助智库的成立，我们也配合做好雄安新区的相关智库协同服务工作，为推进京津冀协同发展重大国家战略的实施做出应有的贡献。

把握雄安新区的发展定位

彭建强

（河北省社会科学院副院长、研究员）

雄安新区当然不是京津冀协同发展的全部，但是，它是京津冀协同发展的一项重大战略举措。中国社会科学院这个全国最高的研究学府成立关于雄安的专门研究智库，也足以说明雄安的重要性。我要说的是，雄安承载着这样一种使命，也是我建议在规划建设发展中应该强化和突出的，就是雄安新区对于实现京津冀整体定位和总体目标将发挥战略性支撑作用，包括对以下四个整体定位的支撑作用：

第一，以首都为核心的世界级城市群。

现在我们有世界级城市，北京就是世界级城市，但京津冀还不是世界级城市群，只有做到让"世界级"来修饰"群"而不只是修饰个别"城市"，我们才能建成世界级城市群。目前京津冀城市群存在的问题首先是结构性缺陷（同时还有整体发展不足），现在京津冀城市群的核心支撑是北京、天津两点一线结构，有了雄安以后，就形成了一个新的三角结构，这是京津冀城市群结构的一种优化。当然，由于雄安新区自身规模较小，或许难以支撑三角结构的一极，但雄安新区的定位很高，特别是考虑到它与保定市区接壤和客观加总效应，未来也能形成相当大的体量和能级，构成"京、津、雄"或"京、津、雄保"三角结构，并成为京津冀城市群的核心群。而且，在这个"金三角"的基础上，还应该再加上一个石家庄，共同作为京津冀城市群的主体骨架支撑。这样一个体系，才能更好地适应京津冀区域版图和京津冀城市群的整体崛起。所以，在城市群结构优化方面，雄安新区发挥着一种创新性的作用。

第二，区域整体协同发展改革引领区。

中国到了这样一个阶段，就是要解决区域协同问题。京津冀的协同发展，要为全国的区域协同、区域关系整合优化做出示范，成为改革创新的引领。我认为在京津冀关系整合方面，雄安新区将带来一个标志性突破，当然关系整合的深化和表现还在下一阶段。雄安新区是北京新的一翼，是首都功能拓展区，要承载北京的人口功能转移，是首都北京的功能关联城市。但是，它隶属于河北。这样，京津冀就出现了你中有我、我中有你的物理镶嵌结构，必然会带来下一步的化学融合效应。所以我认为，当雄安新区建立起来以后，在下一个阶段，会触发和促进区域关系的深度整合，也就是政策的融合问题。到了那个阶段，才是更深层面的区域协同、一体化的问题。所以，在京津冀的第二个整体定位，区域整体协同发展改革引领方面，雄安新区必将发挥突破性作用。

第三，全国创新驱动经济增长新引擎。

北京、天津是创新要素、高端要素的聚集地，但京津冀地区（整体）要成为全国创新驱动经济增长的新引擎，打造中国经济发展新的支撑带，仅有一两个中心点的聚集还不够。对于京津冀的这一整体定位，不能理解为某一个城市、某一个点能成为创新高地就行，而是要让京津冀区域成为全国乃至世界的创新驱动增长的高地和引擎，包括创新区域规模的扩大和这个板块整体的崛起。我们要避免陷入一种封闭式思维，就是仅在京津冀经济体内部考虑问题。在京津冀内部考虑问题，往往就是北京、天津、河北"各自"怎么办，然后就出现可比喻为"北京当教授、天津当讲师、河北当助教"这样一种等级制、梯度式格局。如果跳出京津冀，以开放的视野，从全国乃至世界大局来看待这个区域，就可以是我们大家都"当教授"。所以，不要一说生产力布局，就是北京搞高端、天津搞中端、河北搞低端，而是整体都应该定位高端。创新要素、高端要素的聚集不仅在北京，还可以在天津、石家庄，以及其他地方。今天我们把高端创新要素布局到白洋淀旁，明天还可以布局到衡水湖畔，这样才能支撑区域整体的崛起。无疑，作为创新驱动发展引领区，雄安新区将成为新的创新高地、新的区域增长极，对于拓展创新发展空间、把京津冀打造成全国创新驱动经济增长新引擎将发挥重要支撑作用。

第四，生态修复环境改善示范区。

京津冀地区作为全国的生态修复和环境改善的示范区，在雄安新区身上也有充分的体现。生态环境的改善效应将表现在大环境、小环境两个方面。从大的环境来说，曾有一些人担心雾霾的影响，认为把定位如此之高的国家级新区放在雄安这个地方，对于集聚全国的高端要素和人才来说，可能是不利的，人才可能因雾霾而不愿意来。我想这个问题要反过来思考，就是因为中央把千年大计、国家大事放在这样一个目前来看雾霾最严重的地区，我们可以相信，一定会倒逼华北地区的大环境治理，使雾霾问题解决得更早更好。从小的环境——雄安新区局部生态环境来看，主要是白洋淀，并不是说有了这个城市以后就一定会对白洋淀形成多大的生态压力。相反，有了雄安新区以后，白洋淀会得到更好的修复和保护。可以想象，如果没有雄安新区，再过几十年，白洋淀有可能越来越退化甚至消失。有了雄安新区以后，白洋淀会被修复和保护得更好，包括它的上下游和周边地区。还有一点就是这个城市本身作为绿色生态宜居新城区，也必将是一个绿色生态城市的典范。将来的雄安新区，对于每一个来此工作和生活的人来说，不一定都是积累财富的地方（特别是过去那种靠房地产升值的财富积累），但一定是一个让你的生活更美好、更幸福的地方。

华润集团参与雄安新区建设的进展

张大为

（华润集团副秘书长、华润雄安新区专项工作组组长）

华润集团是一家总部坐落于中国香港的红色央企，前身是1938年在中国香港成立的"联和行"。1948年联和行更名为华润公司。1954年华润公司成为中国各进出口公司在中国香港的总代理，主要任务是组织对港出口，为中国内地进口重要物资，保证香港市场供应。1983年改组成立华润（集团）有限公司，为顺应国家外贸体制改革，华润积极求变，从综合性贸易公司转型为以实业为核心的多元化控股企业集团。集团主营业务涉及电力、地产、燃气、水泥、金融、大健康（医药、医疗）、大消费（零售、啤酒、食品、饮料）等。2000年以来，通过并购重组、产业培育，经过两次"再造华润"，成功打造了一批具有行业领导地位的主营业务，奠定了多元化的综合产业优势。集团下设七大战略业务单元、17家一级利润中心，其中有6家为香港上市公司。2016年华润集团位列"世界财富500强"第91位。

华润集团旗下主营业务大多处于行业领先地位。华润电力的经营业绩、经营效率在行业中名列前茅；华润燃气的经营规模全国第一；华润水泥的盈利能力行业领先；华润置地是中国内地最具实力的综合性地产开发商之一；华润医疗是中国规模最大的医疗集团；华润网络致力于打造国内领先的全场景综合移动电商服务生态圈。华润集团的雪花啤酒、怡宝水、华润万家、苏果超市、万象城、三九、双鹤、东阿阿胶等是享誉全国的著名品牌。华润集团正在实施"十三五"发展战略，依托实业发展、资本运营的"双擎"，借助"国际化、互联网"的"两翼"，为社会创造价值，致力于成为受大众信赖和喜爱的全球化企业。

雄安新区的设立是以习近平同志为核心的党中央做出的一项重大的历史性战略选择，是继深圳经济特区和上海浦东新区之后又一具有全国意义的新区，是千年大计、国家大事。华润集团作为中央企业，衷心拥护、高度重视，提出举全华润之力，集全华润之智，全力支持新区建设。华润集团曾见证和参与了深圳经济特区和浦东新区的开发建设，傅育宁董事长曾深度参与蛇口工业区的建设发展。华润集团参与雄安新区建设具有独特的综合产业优势，华润旗下拥有零售、消费品、医药、医疗、金融等服务民生、贴近终端的业务，也拥有电力、燃气、水泥、微电子等资源掌控型及科技类业务，可全面有效参与雄安新区的建设发展。华润将积极参与推动当地产业转型升级，导入旗下生物医药、节能环保和新能源等高新产业，协同在国际科创领域知名的香港科技园，引入国际产业资源、产业基金，吸引金融资本进驻，支持高新企业发展。同时，华润将积极为新区提供综合性的城市运营服务，充分发挥在城市规划、建设和运营上的丰富经验与卓越能力，提供分布式综合能源管理、世界领先的固废处理、高品质的商业配套等服务，建立分级诊疗体系、雄安国际医学中心，参与智慧城市网络系统建设。华润大学将配合新区定位进行升级和改造，承接雄安科技论坛和新区会展中心的功能，打造国际高新技术、项目和人才汇集的平台，成立创新实验室及智库，为新区发展提供人才培训支持。

纵观历史，智库在国家的发展中发挥了重要作用。雄安发展研究智库依托中国社会科学院，在京津冀协同发展智库的基础上组建而成，是国家级综合性高端智库。作为国家级智库的有效补充，民间智库有其灵活性和市场化的特点。目前，华润正在协同民间智库的力量支持雄安新区的建设和发展。华润和凯盛融英已经签订了战略合作协议，计划在雄安新区注册成立华润凯盛专家智库（雄安）有限公司，整合华润集团内部的各行业专家以及凯盛融英的外部专家，服务新区政府的产业规划和决策，引入海内外优秀资源，为入驻新区的企业提供持续的智力支持。在今后建设雄安的过程中，希望雄安发展研究智库与华润智库紧密合作。雄安发展研究智库从宏观层面帮助新区政府明确战略方向，制定战略规划；华润智库从微观层面支持新区政府了解产业趋势，嫁接产业资源。双方优势互补，共同为新区建设贡献力量。

党中央设立雄安新区意义重大，影响深远。中国社会科学院雄安发展研究智库的成立是文化自信的重要体现，也将为雄安新区的建设添砖加瓦。华润愿与雄安发展研究智库密切合作，全力支持新区建设，与雄安共成长、共繁荣。

发挥招商集团优势　助力雄安新区建设

杨天平

（招商局集团雄安新区开发建设工作办公室主任）

中国社会科学院雄安发展研究智库的成立标志着一个新的阶段。我把雄安这件事分成圈内和圈外。圈内就是研究制定政策的、参与规划的，包括实际在雄安开发的，如雄安管委会；圈外实际上就是各位专家。此前，我觉得基本上是处于"圈外热，圈内忙"这样一个状态。圈外与圈内往往没有沟通交流的正式渠道，没有完全打通。智库的成立，我觉得令人欣慰的一点是把圈内和圈外打通了。

谈到雄安，实际上大家的解读很多，如非首都功能的疏解，包括新的创新高地，包括京津冀新的产业和空间结构的创新布局，我想在这里讲一些我的看法。随着大国的崛起，世界级的城市或者城市群一定会产生，这是一件被世界经济发展史所证明的事。无论是 17 世纪荷兰的阿姆斯特丹，还是 18 世纪、19 世纪的英国伦敦，包括后来美国的洛杉矶、芝加哥、纽约等，当然也包括了德国的法兰克福和日本的东京。我个人认为，中国实际上走在一条大国崛起的路上，也走在一条中华民族伟大复兴的路上。在这样一条路上，世界级城市的崛起是必然的。在这样一个背景之下，实际上我们需要思考的就是，这种新的世界级城市能不能给世界带来新的思维、新的模式和新的机制。毫无疑问，雄安会承载这样的功能。

所有人都知道中国经济进入了新常态，在新常态之下，实际上我们在呼唤着一种新的发展动力，呼唤着一种新的发展模式。雄安除了会对京津冀一体化发挥重要的作用之外，在中国北方城市的经济转型发展过程当中会扮演一个世界级城市枢纽的角色。同时，在未来世界发展大的格局当中，它会为中国发挥自己所谓领导力的作用，这也是一种非常有益的探索。中国经济从1978年改革开放开始到现在将近40年的时间，经过了这样一个过程：我们取得了令全球瞩目的成绩，但是问题和挑战任何人都不能忽视。《人民日报》刊登过一篇文章，讲的是我们要对过往的改革进行再改革。怎么再改革？我觉得雄安实际上为再改革提供了一个很好的平台和舞台。

我刚刚从日本回来，这次主要想去看日本的筑波到底在过去疏解东京"城市病"的时候扮演了一个什么样的角色。看完之后我觉得，去之前了解的筑波和去之后看到的筑波是有差异的。我记得我看过一篇介绍筑波的文章，在 20 世纪 60 年代对它进行规划的时候，时任日本首相还修了一条新干线铁路。由于筑波离东京的距离太近，只有大概 60 公里，所以就造成了很多人由于新干线建成而往返于东京和筑波之间，不愿意住在那里，因为当地的交通不太便利。事实上我发现，20 世纪 60 年代规划的筑波，到了 2005 年才修建了东京到筑波的铁路。在它的发展过程当中，初期配套非常少。我这次去见了一个曾经在当年筑波大学读研究生，现在已经学有所成的日本专家。他说，当年他们在筑波其实没什么事可做。他讲的没事做不是没工作可做，而是指业余时间没事可做。所以尽管日本政府把日本的基础性研究的这些学科都放在了筑波，很多科学家去了，但家属们不愿意去，就是因为配套建设做得并不是很完善。我想这些问题在我们雄安的发展当中，应该想办法避免。

回过头来讲招商局本身。它是中国民族工商业的先驱，自 1872 年洋务运动李鸿章成立招商局至今已有 145 年。同时它又是中国当代改革开放的前沿阵地，1979 年在十一届三中全会之后揭开了中国改革开放的大幕。在践行国家"一带一路"倡议的过程当中，招商局在海外 18 个国家有 30 余个项目在投资。招商局在 2016 年总资产已经在央企当中排名第一，达到 7 万亿元人民币，总利润在央企当中排名第二，达 1112 亿元人民币。作为这样一家有着光荣的历史，一直在与这个民族同呼吸、同这个国家共命运的一家中央企业，我觉得这是招商局的一种社会责任。

我们也在积极地思考可以在雄安做什么，招商局的几大板块实际上都有机会参与雄安未来的建设和开发。但是这种参与绝不是用传统意义上我们已经成功的商业模式，或者用我们那些成功的案例复制。因为雄安这块土地所肩负的实际上是这个国家的未来，甚至对世界要有所引领。所以我们也很清楚地知道，我们要把我们的基因当中创新的东西展现给大家。例如金融，招商局的金融板块做得不错，但是雄安管委会的领导未必对传统的金融业务在雄安发展感兴趣。金融板块在那里能做什么？就是创新金融，要有一种创新的思维。招商局蛇口工业区实际上是中国园区的鼻祖，但是我认为中央宣布建立雄安新区，意味着中国传统园区开发模式的终结。为什么？传统园区开发模式靠什么？大家都知道，土地财政。新的模式靠什么？税收财政。传统的开发建设靠房地产，新园区的开发建设靠产业的聚集。传统的模式靠土地的买卖，新的模式靠创新资源的聚集。我觉得这些都是招商局未来在雄安需要进一步去思考、去破题的。

雄安这件事情，实际上会在长远和未来对很多中国人产生非常重要的影响，所以我也希望社会各界都能够积极参与。

最后，我想借用荀子的一个故事。荀子讲，人比一头牛力气小，比一匹马跑得慢，但是牛和马都归人驱使。为什么？因为有一句话叫"人能群"，意思就是说，人是可以合作的，人是可以通过协作来展示自己团队力量的。雄安的千年大计要靠社会各界的共同努力、共同合作，相信雄安的未来是美好的！

雄安新区发展定位的再思考

杨宜勇

（国家发展和改革委员会社会发展研究所所长、研究员）

自 2017 年 4 月 1 日党中央发布建设雄安新区的决定以来，在中国大地上形成了一股雄安热，很多大学也成立了类似的专门机构，民间有些智库也成立了雄安的研究机构，但中国社会科学院成立的这个智库应该是层次最高的。中国社会科学院是比较值得信赖和依靠的，因为它有 60 个研究所，所以雄安新区的未来建设，不仅和产业有关，还有其他方方面面的因素，必须综合研究、统筹设计、多元施策。如现在雄安的考古工作已经开始，主要是地下考古，建筑不能伤害文脉。同时我也希望中国社会科学院雄安发展研究智库是一个开放性的智库，能把社会上方方面面关心雄安的人的智慧和力量进一步凝聚起来，不仅要发生物理反应，而且要发生化学反应。

雄安新区是党中央做出的一项重大的历史性战略选择，是继深圳经济特区和上海浦东新区之后又一具有全国意义的新区，是千年大计、国家大事。我曾到雄安考察过，参与了雄安规划的外围基础研究，可能也有一定的发言权。雄安新区不是深圳经济特区，也不是浦东新区，说它是第二个深圳、第二个浦东那就没有时代意义了。看看习近平总书记关于雄安新区所做的讲话，他对雄安的定位和期望与过去的深圳经济特区和浦东新区都是不一样的。雄安未来不是日本的筑波，也不是英国的凯恩斯新城，雄安就是雄安！总书记说，雄安新区也不同于一般意义上的新区，其定位首先是疏解北京非首都功能集中承载地。所以雄安承载的功能也是有限的，它是京津冀协同发展区域中间的一个重要节点。说雄安与北京和天津简单地构成三角，我觉得这种认识也是有失偏颇的。雄安面积 2000 平方公里，不可能再扩大，人口的极限我个人认为不能超过 500 万。前不久有人拿出一个方案来：2000 平方公里，1200 万人，我认为并不合理。习近平总书记说，雄安新区的建设主要是分流北京的人，主要是分流河北在北京已经工作的人。与深圳不一样，深圳是当时全国 30 个省市自治区全在那里开窗口、办公司，都往那里投资，现在不可能也不允许这样做了。

习近平总书记强调指出，雄安新区定位首先是疏解北京非首都功能集中承载地，重点是承接北京非首都功能疏解和人口转移。要用最先进的理念和国际一流的水准设计建设，坚持"世界眼光、国际标准、中国特色、高点定位"的理念，努力将雄安新区打造成为贯彻新发展理念的创新发展示范区。要坚持先谋后动、规划引领，借鉴国际经验，高标准编制新区总体规划等相关规划，组织国内一流规划人才进行城市设计，规划好再开工建设，决不留历史遗憾。要保持历史耐心，有"功成不必在我"的精神境界，尊重城市开发建设规律，合理把握开发节奏，稳打稳扎，一茬接着一茬干，为经济社会发展做出贡献，造福子孙后代。

雄安新区要坚持世界眼光、国际标准、中国特色、高点定位，核心要落到中国特色、雄安特点上。总说千年大计，其实说京津冀协同发展的时候就说过是千年大计，我们只不过把雄安捎带着也说是千年大计。关于千年大计，总书记说的是先谋而后动，不要急于求成，要树立"功成不必在我"的思想，既要尊重自然规律，又要尊重城市发展的规律，必须久久为功。

我们知道 20 世纪 30 年代有延安，80 年代有深圳，今天我们在十月革命一百周年的时候有了雄安。延安是中国新民主主义革命进入低潮时期的根据地，"星星之火，可以燎原"，挽救了中国革命，建立了社会主义新国家。20 世纪 80 年代初期的深圳，是中国改革开放的窗口。现在有一个雄安，将来也有可能有多个雄安，雄安成功了，对于治理长三角和珠三角的"大城市病"，都有借鉴意义。雄安要做什么？首先就是疏解北京的非首都功能，既要去首都的"大城市病"，又不能再让雄安也染上"大城市病",这两个条件都要满足。

我个人认为,雄安新区应该是一个典型的公平城市,居民更加平等。未来北京可能有300万人去雄安,北京人的利益不能受到损失。未来雄安新区建设过程中,现在雄安三县的110万人,他们的利益不能受到损失,这也是总书记反复强调的。尤其是最近一两个月,关于如何更好地保障雄安三县人民的利益,都在深入地落实。所以未来的雄安城里,北京过去的人和雄安三县的原住民的权利都是平等的,既没有"超市民"待遇,也没有"亚市民"待遇。

雄安新区应该是一个典型的未来城市,不仅是现代化的城市,而且充满现代性。什么是未来的城市?我自己想到一些事情,如现在主干路底下,各种综合性的廊道一次性就要建到位,最多的地方应该是地下四层。地面要考虑无人驾驶兼容,负一层的机动车道路可能都要和各个建筑物连通,这和过去的城市是不一样的。另外,将来每个房间、每个住户都有一个二维码,没有人再送快递,就是机器人在地下管廊送,上班的时候把东西投递到你家里。这个机器人物流通道可能占据负二层。垃圾都有负压的管道,往里面一扔,所有这栋楼的垃圾都集中到大垃圾箱中,很便捷、非常快。负三层应该是各种管线廊道。负四层可能是下水和雨水管道。地下再下层可能有地铁。

　　雄安新区应该是一个典型的现代产业城。雄安必须有产业，但是不可能做所有的产业。我认为，雄安未来将有四类产业：第一类是真正的新材料，不是伪新材料；第二类是真正的新能源；第三类是IT，下一代互联网技术；第四类就是生物技术，最终生物技术是要替代IT革命的。雄安新区未来除了大家讲的起步区和核心区之外，还有十几个特色小镇，有大学、有研发公司，真正实现产学研的深入贯通，能够支持百年、千年的发展。所以，雄安的产业并不能什么都要，其生态环境非常脆弱，必须优中选优。习近平总书记说，未来雄安新区将主要承接北京转移的行政事业单位、总部企业、金融机构、科研院所和高等院校。

　　雄安新区应该是一个典型的幸福城市，要打造和国际接轨的基本公共服务的体系。可能雄安建好了，你想去都不一定有机会，需要竞争上岗。如现在每天到北京来看病的外地人有70万，雄安医疗卫生体系建好了之后，雄安新区未来可能一天能分担10万人，远期一天分担20万人。不是简单地让北京的医院在那里办分院，可能好的医院要直接过去。因为北京的新国际机场2019年就通航了，机场底下有高铁和城市铁路直达雄安。另外，我建议未来雄安和北京享受同样的高考制度，这个在历史上是有先例的。以前首钢迁安矿区职工的孩子，虽然是河北人，但都是按照北京的分数线来录取的，现在只是把这个政策覆盖的范围稍微扩大一下。所以说，高考政策既让在北京工作的人可以义无反顾地到雄安来，又能使雄安三县的子女来参加北京的高考，那不就是双赢吗？归根结底，雄安新区公共服务要着力建设三个高地：一是公共服务体制创新高地；二是公共服务政策优化高地；三是公共服务质量提升高地。雄安新区公共服务体系建设要着力打造三个雄安：素质雄安、健康雄安和文化雄安。现在河北的省委书记和省长对搞好雄安的基本公共服务体系非常重视，2017 年已经计划招聘雄安的幼师到北京十余家知名幼儿园实习。然后依此思路，招聘雄安的老师到北京市知名的中小学实习。将来雄安核心区的幼儿园和中小学一建成，就会有高质量雄安师资投入，可以做到无缝衔接。以后每年可能都是如此。

雄安新区应该是一个典型的扁平化、中等密度的城市。雄安新区是一个山水滨湖名城，未来应该少有高楼大厦，绝对不允许有摩天大楼。如斯德哥尔摩就是严格限高的，是一座扁平化的城市。亚洲的城市为什么现在容积率那么高？出行这么困难？就是因为高楼大厦太多。如果我们像斯德哥尔摩一样，都建三层、四层楼，也许就没有"大城市病"了，或者即使有"大城市病"，也没有我国一些城市这么严重。

雄安新区应该是一个典型的环境友好型城市。当务之急，就是如何做好白洋淀的生态环境保护。未来白洋淀所有的淤泥我们都要处理，一是提取重金属，二是烧结做地面砖。进入白洋淀的水也都要提前治理。关于水资源总量的担忧，一是未来要引黄河的水，二是山西、河北的水库连调连运，三是给北京南水北调的指标也要相应转到雄安那里去。

雄安新区难以和北京市、天津市简单地相提并论。现在许多专家都习惯把雄安简单地和北京、天津相提并论，我心里稍微有点忧虑，其实这三个城市规模上绝对是不可同日而语的。雄安的三个县我都走过了，中央布局是河北雄安新区，其实河北省里还有布局，大家可以去看一看。石家庄新区正定也在紧锣密鼓地建设，因此河北建设不光是一个点。其实，几年前由于张家口和北京已经联合申请承办冬季奥运会，张家口的建设也很有起色。所以说，未来的北京城市群、天津城市群和冀中城市群，这三个才可以相提并论。

雄安新区应该是一个典型的国际性城市。首都北京是国家唯一的政治中心，一些大的国事活动还是要在北京举行。级别低一点的，可能我们都要鼓励他们迁到雄安去开。雄安离北京新机场 50 公里，怀柔雁栖湖离北京新机场可能有 100 公里，雄安显然具有一定的竞争力。雄安未来也是一个网络特区，网络速度更快，也更加开放，可以吸引国际社会组织。可能将来原北京 40% 的国际会议都会陆陆续续地从怀柔转到白洋淀旁。对于雄安，现在我们一定不能够盲动，必须按照总书记的要求，要久久为功，先谋而后动。要容错，但是不能经常犯错，所以尽量少犯错误。一方面要充分吸收深圳、浦东的经验，另一方面也要吸取日本筑波、英国凯恩斯新城的教训，只有这样才有可能把雄安建设得更好，建设得更有特色，达到北京市一体两翼中非常重要的一翼的要求。

雄安新区将成为京津冀协同发展的合作典范。北京市委书记蔡奇表示，要牢牢把握好"一核"与"两翼"的关系。要认清"两翼"特别是雄安新区对"一核"的重大意义，充分发挥"一核"的作用，高水平建设城市副中心，全力支持雄安新区建设，努力形成"两翼"齐飞的生动格局。要把支持雄安新区建设当作自己的事来办，切实做到雄安新区需要什么就坚决支持什么。对愿意到雄安新区发展的在京企业，包括总部经济，都坚决支持，加强服务，决不要有"小九九"。要聚焦三个重点领域取得新突破，推进交通一体化；加大区域环境治理力度，积极创建生态文明先行示范区；以支持雄安新区建设为载体，建设京津冀协同创新共同体。北京市要在教育医疗等公共服务共建共享、养老社保跨区域政策衔接、对口帮扶、筹办 2022 年冬奥会和冬残奥会等方面，进一步深化与天津市、河北省的合作。

天津市委书记李鸿忠表示，天津市委、市政府坚决拥护党中央的重大决策部署，将主动服务、共同推进雄安新区规划建设作为践行"四个意识"的具体体现，牢固树立大局观念，坚持一盘棋思想，在雄安新区规划建设过程中，需要天津付出什么、调整什么我们都坚决落实。天津要认真学习雄安新区规划建设的指导思想、先进理念，以此为标准、标杆，更好地推动天津城市规划建设发展。我们将认真落实两省市合作协议，加强津冀全方位对接协作，为共同建设千秋大业、实施国家战略尽好天津责任。

河北省委书记赵克志表示，规划建设雄安新区，有利于集中疏解北京非首都功能，与北京城市副中心共同形成北京新的两翼；有利于加快补齐区域发展短板，提升河北经济社会发展质量和水平，培育形成新的区域增长极；有利于调整优化京津冀城市布局和空间结构，对于探索人口经济密集地区优化开发新模式、打造全国创新驱动发展新引擎、加快构建京津冀世界级城市群，具有重大现实意义和深远历史意义。对河北来说，规划建设雄安新区，也形成了河北的两翼。一翼是以 2022 年冬奥会为契机，推进张北地区建设；另一翼是雄安新区带动冀中南乃至整个河北的发展。这将有力地提升河北的产业层次、创新能力、公共服务水平，推动河北省走出一条加快转型、绿色发展、跨越提升的新路。

我个人认为，关于雄安新区的发展建设规划，未来必须把握好三个重要的时间节点：

一是到 2020 年，一个新城的雏形初步显现。雄安新区骨干交通路网基本建成，起步区基础设施建设和产业布局框架基本形成。

二是到 2022 年，在北京冬奥会成功举办时与京津冀主要城市联系进一步紧密，与北京中心城区错位发展，起步区基础设施全部建设完成，新区核心区基本建成。

三是到 2030 年，一座绿色低碳、信息智能、宜居宜业的现代化新城显露活力，成为具有较强竞争力和影响力、人与自然和谐共处、闻名遐迩的城市新星。

与此同时，我们还要滚动设计 2049 年的雄安、2078 年的雄安和 2100 年的雄安。

总而言之，未来的雄安新区，既是中国的，也是世界的。它是中国未来城市的一个标志性样板，对世界城市发展具有重要的借鉴价值。我们值得为此而不懈努力，既要善于凝聚全党的智慧，又要冷静地保持历史的耐心。

雄安新区：中国城市发展新模式的试验

倪鹏飞

（中国社会科学院财经战略研究院院长助理、研究员）

一、雄安新区：建设具有可持续竞争力的理想城市

这个其实可以接着杨所长所讲的内容讲，中国有句话叫三句话不离本行，我是研究竞争力的，最近研究可持续竞争力。在 2013 年的时候，我们提出了一个非常重要的概念，就是中国要致力于建设具有可持续竞争力的理想城市。当时的背景和现在的背景是一样的，全球发展有了新趋势，全球的城市发展也面临着很多问题，归结起来是竞争加剧和不可持续的问题。中国传统的城市化也有很多问题，特别是不可持续问题，所以我们的目标应该是建设可持续的理想城市，并且还做了一套指标体系，同时对每个指标提出了具体的理想标准。我们当时就是希望中国所有的城市都能够变成一个可持续的理想城市，当然更希望中国某些城市能够起到引领作用，能够成为可持续竞争力理想城市的样板。雄安新区的横空出世使我们想到：雄安新区是不是可以向未来的理想城市迈进？如果用文学的语言，

我们说未来的理想城市应该是诗与远方的城市。

我做过一些回顾，实际上人类一直在追求美好的栖息之地，像丰衣足食、风景如画、和谐融洽、自由安详，这是我们中国人世世代代的追求，无论是中国还是国外，许多人对于理想城市有很多的描绘，用诗的语言来描绘。但是我研究了以后，发现古人的向往都带有一点空想，特别是像要在一个桃花源、与外界隔绝的地方，实现心灵的宁静。但是没有强调开放，没有强调创新，没有强调经济的发展，以及吃饱饭这个问题。饿着肚子谈风景如画和心灵宁静，是神仙生活的地方，而不是凡人生活的地方，是一个空想的栖息美好的地方。我们说未来的理想城市应该是可持续的，尤其是在上面提到的这三个方面，应该与外界不仅不是隔绝，而且是广泛联系的、创新的、有经济支撑的。城市应该是可持续的，这也应该是理想的目标。

雄安有自己特殊的使命，这个大家都知道了。未来的世界中理想城市应该是什么样的？我觉得应该是一个利用当地和全球的要素和资源，创建可持续的发展系统，能够可持续地使居民经济富裕、身心愉悦、心灵自由、情操高尚、发展抱负、绽放潜力的城市。具体来说，我们当时做了八个方面的探究：以人为本、绿色低碳、公平安全、多元依本、交流便捷、交融世界、城乡一体、创新驱动。具体落实到功能上，我想了想，雄安应该在这八个方面，尤其是非常关键的科技、金融、教育和健康方面重点发展，这是具体的功能。

二、雄安新区："以新引高"的新发展模式

雄安怎么实现这样一个目标？它的模式也可以成为全国借鉴的模式，我提出"以新引高"的发展新模式，或者是"以高新引高"的发展模式。有这样一个框架，具体来说，雄安新区要利用新的理念、新的制度、新的区域，通过制定较高的标准，利用并吸引周边的高端要素，同时借助全球化的机遇，吸引全球的高端要素。同时，利用当地新区域一些成本上的优势，通过高端、优质的基础设施和公共服务，导入高端的企业和高端的人口，并且实现产业、人口和环境的良性循环。其中重要的一点是，除了发展模式，还有开发模式，刚才我们说了，这个开发模式最重要的是要打破原来的土地财政开发模式，转变成税收财政的模式。具体来说，就是通过税收收入和基础设施的收益来平衡基础设施和公共服务建设运营的支出，以基础设施未来的收益和财政未来的收入做质押，发行债券，实行 PPP，筹措开发资金，实施建设，这样才能实现良性循环。与此相对应的融资体制、财税体制、土地制度，包括行政部门，都可以有一个新的制度性的安排。

三、雄安新区：中国特色住房制度新模式

这是大家特别关注的，雄安房地产的模式。我说雄安发展

的新试验，重点是想讲中国住房发展模式的新试验，雄安应该致力于建设有中国特色的住房制度的新模式。住房制度的新发展模式，我认为最主要的是由基金主导、专业化分工的新模式。过去的房地产开发，一方面是由开发企业来主导的，它通过预售制来实行住房开发；另一方面是政府通过卖地财政来支撑城市发展的基础设施配套和公共服务供给，取得了很大的成绩，也带来了很多的问题。现在我们要打破这个模式，转变成一个新的模式。住房的发展和再生产，最重要的是钱的问题。刚才我们说了要打破过去的模式，钱从哪里来？怎么实现良性循环？与过去不同，现在钱有的是，尤其社会资金很多很充裕，但没有可投资之处。所以我们说，可以从这个地方入手，就是通过建立各种房地产的开发基金，吸引社会公众的资金，社会公众将基金交给营利性或者公益性的基金公司，基金公司投资或者委托开发经营的企业进行住房开发和经营、出租或者是出售，这是一方面。另一方面，私人家庭自己或者是在政府的帮助下，通过市场或者准市场购买和租赁住房。与此同时，政府可以向公益基金注入财政资金，对于保障和政策性住房实施土地无偿划拨和税收减免，对中低收入居民和特殊人才实施定向补贴。这样就有一个资金的循环，既保证房地产能够开发，又保证能够持续下去。总的来说就是所有人都可以在这个发展当中付出，也可以从中获得收益。包括政府在内，政府的投资也不是无偿的，无论是税收的减免还是土地的收入，都要作价计入住房的产权股份里面。

四、雄安新区：制度实验原则和步骤

重要的机制要封闭运行，条件成熟后逐步放开。关键的制度要一步到位，然后配套的制度逐步完善。

京津冀的生态建设与雄安新区
可持续发展

魏后凯

（中国社会科学院农村发展研究所所长、研究员）

第一，我们现在比较重视京津冀协同发展，我个人觉得京津冀应该建设成为世界性、多中心网络化的生态型城市群。

过去北京既是经济中心，也是政治中心、文化中心、科教中心等，实际上是一种单中心、"摊大饼"式的空间结构。我在很多场合讲过，未来我们的京津冀，应该是向多中心、网络化的空间结构发展。北京跟天津是双核，在双核的下面还有石家庄、唐山、廊坊，加上我们的雄安、保定这一块，应该是未来次一级的中心，这样就形成一个多中心的空间结构。同时，我们这个城市群应该建设成为一个生态型的城市群，不能水泥地连成一片。这里有三点需要重视：

一是我们需要更大的生态空间，需要更多的生态廊道。

我认为，我们的京津冀现在的生产空间比例过高，居住空间偏小，我们的生态空间远远不够。过去我在很多场合讲，包括北京、天津，一些工业园区建立了不少低密度的花园式工厂，但是我们的居民都住在好几十层的高楼大厦里面，建筑密度偏高。我觉得京津冀未来这个"三生"空间怎么协调，需要研究。

二是我们要充分挖掘农业的多维功能，尤其是生态、休闲、观光等方面的功能。

我们一定要划定城市开发边界，明确耕地红线，确定农业保护区。这一点我觉得很重要，不能都是生产生活空间连成一片，这一点很多地方不重视。比如，北京朝阳区虽然是一个市辖区，有470平方公里，但未来农业和农村的空间还会占相当大的比重，不会也不应该像东城、西城一样水泥地连成一片。

三是要建立一个多层次的生态补偿机制。

这个机制包括中央政府与省级政府纵向的生态补偿，如把水调到北京来，对于南水北调，中央层面应有纵向的生态补偿，横向的京津冀三地之间也应该有生态补偿。还有一种市场化生态补偿，我们可以把这些指标拿出来在市场上进行交易，应该是纵向、横向、市场化的多层次生态补偿。包括我们的农业，我认为应该按每亩的农业种植面积来给予生态补偿。

第二，统筹推进京津冀区域一体化和京保廊的同城化。

现在京津冀一体化推进得很慢，比如高速路的收费，北京收一次，河北收一次，进北京还要检查一次，谈不上一体化。所以下一步，我认为一定要加快我们的区域一体化，尤其是交通基础设施、要素市场、公共服务的一体化。但是，不能说我们把一体化搞好了以后再来推进同城化，我认为在推进京津冀一体化的过程中，要同时推进北京、保定、廊坊的同城化，尤其是我们设立的雄安新区在保定，如果不推行同城化，未来会带来一系列的问题。例如，电话费怎么算？所以我觉得我们京津冀一体化是协同发展的基础，假如我们不能实现京津冀区域一体化，我想我们的协同发展只能是一句空话，推进难度很大，只能是空中楼阁。我们要同时推进京保廊的同城化，包括交通、通信、公共服务，要实现同城化，包括我们的公交，现在就要考虑规划这些方面的一些事情。一体化和城镇化要同步推进，两手抓，两手都要硬。

第三，雄安新区现在大家讨论得很多，各种观点都有，我个人觉得，我们应该有条件、有能力将雄安新区打造成为中国乃至世界的未来之城、创新之城、生态之城，我想这三点最重要。

我们研究了一下雄安新区，从选址的角度来看，我个人觉得雄安应该是京津冀现有范围内条件比较好的一个区域。比如说，它的地理位置比较优越，交通联系比较便捷，建设条件比较好，发展的空间也比较大。我们算了一下，雄安所在的三县人均 GDP 2015 年只有 3012 美元，它的开发强度三县平均只有 6.4%，雄安是 6.1%，容城是 9.6%，安新是 5.2%。京津冀地区严重缺水，这个地区的承载能力相对较强，应该说在京津冀的范围内是一个比较好的区位。但是我认为雄安新区面临两个最大的资源约束：一是水资源。现在白洋淀的水也主要是靠南水北调来解决，2012 年王快水库和西大洋水库连通以后，每年能够供水 1.2 亿~1.5 亿立方米。2017 年河北省的引黄入冀补淀工程建成以后，新增引黄的水量为 6.2 亿立方米，每年净补水 1.1 亿立方米。实际上白洋淀现在主要是靠南水北调，所以对雄安新区而言，一定要节约集约用水，实行"以水定城""以水定产"。二是现有人口。虽然这个地方开发的强度比较低，但是从规划范围 100 多平方公里来看，里面的人口已经不少了。这些原有居民尤其是农民的搬迁怎么办？思想怎么转变过来？我觉得这是当前我们面临的一个很重要的问题。要打造未来之城，实现智能、低碳等一些先进的理念，以及其他的一些创新的构想，我觉得都可以在这里面进行试验。

作为一个未来城市的样板，一个示范区，我觉得雄安新区的产业不能遍地开花，规模不能搞得太大，要明确我们对雄安的功能定位，中国未来要创新发展，创新驱动，我们的重点就是建设创新之城，打造创新城市，建立中国未来创新发展的先行区和示范区，所以雄安的定位重点应该在创新方面。根据这样一个定位，北京非首都功能向雄安的疏散，雄安产业的发展，都要围绕这个方向来制定。假如北京非首都功能向雄安疏散，每一个单位，每一个行业，每一个部门都疏散一部分过去的话，未来雄安有可能会成为一个"四不像"，这样就会模糊雄安的城市功能定位，就会影响雄安作为未来中国乃至世界创新之城的发展导向。

此外，一定要把雄安新区打造成为生态之城，建设中国乃至世界的生态城市样板。因为新区紧靠白洋淀，应该有条件，也有能力建设成为一个生态之城。

汇聚众智　献计雄安

张世贤

（经济管理出版社原社长、研究员）

在这样一个持续高温、热情洋溢的特殊日子里，各路专家"群贤毕至、少长贤集"，为着一个共同的目标，用短短的半天时间，高效率地集中做了两件事：

第一，我们亲眼见证了中国社会科学院雄安发展研究智库的成立。

这意味着中国社会科学院有了专门研究雄安新区发展的研究基地，这个基地我觉得对于在座各位而言应该是一个很好的平台。在这个开放的平台上，每位专家都可以为雄安的绿色、健康、可持续发展贡献自己的智慧。所以今天的揭牌仪式也意味着这个专门智库开张了，我们隆重邀请各位，"请君入库"！希望大家不要见外，它不是一个封闭的中国社会科学院自己的智库，也不仅是中国社会科学院加上京津冀三省市的社会科学院和三所大学自己的智库，它应该是一个开放的平台。只要你的课题获得我们智库的立项，你就是智库的专家。只要你说得对，你的研究成果对雄安的发展有好处，我们就照你说的办。尤其是在中国当下有限的思想市场上，我们也希望通过这个平台，让专家们以高度的历史责任感和学者特有的理性和冷静，为雄安的发展毫无保留地贡献自己的智慧。

第二，我们已经开始了有针对性的学术研讨。

从专家的发言看，大家从不同的理论视角，围绕着京津冀和雄安新区的发展展开了深入的讨论，为我们全方位、多层次地认识京津冀协同发展和雄安新区的建设做了精彩的演讲。

当然，理论源于实践，又是实践的先导。雄安新区还没有具体实践，但是雄安发展要想不走或者少走弯路，还真需要这些"圈外人"的理论引导在先。我们必须清醒地看到，雄安新区到现在还仅仅是一个"千年大计"的思想产物，2017 年 4 月 1 日微信群有传，当时我以为是愚人节的玩笑，《新闻联播》播了才开始相信。4 月 2 日我去看了，一片庄稼地！这几个月下来，现在还是一片待开发的庄稼地。所以在京津冀雾霾高度一体化的今天，雄安如何打造出一片碧水蓝天映衬下的创新创业高地，可能是当前一个最大的痛点。

如何实现主导产业引领的绿色健康可持续发展，确实还需要理论的探索。它既不能复制深圳，也不能拷贝浦东。在顶层设计和总体规划没有出台之前，我们只能努力地猜想。雄安被赋予了太多的希望，我们感觉它承载不了。目前的研究思路，我赞成刚才杨宜勇所长讲的"不是什么"，我们应该从负面思考，其实我列的"不能是什么"比杨宜勇所长列的多很多，至少，我们不能低估资源环境承载力对未来人口和产业规模的局限。反过来，光说"不是什么"还不行，毕竟它作为一个待开发的处女地，无论未来发展如何美好，都需要有附加值高的主导产业支撑。

无论是产业发展还是城市建设，没有房地产是不可想象的。反过来说，没有房地产市场如何开发房地产？倪鹏飞教授提出了一些新的房地产开发创新模式，很有意义。但无论如何应该有房地产市场，如果有房地产没有市场，就很难吸引各路资本的大量进入，那只能是财政自己投入。可我们千万别忘了，资本是发展的第一推动力和持续的推动力！这不是我说的，是马克思讲的。

所以我觉得，创新投资引导创新驱动，创新驱动形成新的需求，需求规模形成产业发展，而产业投资引导区域发展，这是一个地区发展的内在逻辑，违背了逻辑就等于违背了规律。我们违背规律吃的亏还少吗？这是我想留给大家的思考。

今天各位共享了很多很好的思想观点，等于开了一个好头，我们期待大家为雄安的崛起和京津冀的协同发展贡献更多、更精彩、更丰富的理论成果。当然，还有许多专家由于时间关系没有来得及发言，没关系，你们可以把自己的成果提交过来，因为今天的发言会后会再反馈给专家，整理出来结集出版，我们不负盛意。虽然理论探讨永远是务虚的，但是理论的碰撞和观点的交锋一定会激发出学者的思想灵感，这就够了！真正改变世界的是思想，不是既得利益者，这是凯恩斯的原话。

最后，让我们再次对发言的专家，特别是发完言未离开的专家，以及只听讲不发言的专家和在座的媒体朋友，表示衷心的感谢。同时，我们也感谢工业经济所和经济管理出版社的同志们为会议付出的辛勤工作和汗水！期待下次论坛我们再会！

谢谢大家！

新闻媒体关于中国社会科学院雄安发展研究智库的报道

中国社会科学院网：中国社会科学院
雄安发展研究智库成立

发布时间：2017 年 7 月 18 日　　记者：王春燕

7 月 18 日，"中国社会科学院雄安发展研究智库成立暨京津冀协同发展学术论坛"在京召开。

中国社会科学院院长、党组书记王伟光，副院长、党组成员蔡昉，京津冀协同发展智库理事单位代表、天津财经大学校长李维安和中国社会科学院工业经济研究所所长黄群慧分别致辞。王伟光和蔡昉共同为"中国社会科学院雄安发展研究智库"揭牌。论坛开幕式由中国社会科学院工业经济研究所党委书记兼副所长史丹主持。

随后举行的论坛以"新理念引领新发展"为主题，重点围绕解决北京"大城市病"、优化京津冀空间结构、促进区域协调发展、创新区域发展路径、建设非首都功能疏解集中承载地、打造京津冀区域新兴的增长极等重要问题展开深入研讨。

会议由中国社会科学院工业经济研究所、中国社会科学院京津冀协同发展智库和经济管理出版社共同主办。来自中国社会科学院、国家发展和改革委员会、国务院发展研究中心、河北省保定市人大常委会、雄安新区管委会等有关单位代表百余人参加本届论坛。

中国社会科学院院长、党组书记王伟光致辞
资料来源：中国社会科学网，记者朱高磊/摄。

中国社会科学院院长、党组书记王伟光（左二），副院长、党组成员蔡昉（右二）
共同为"中国社会科学院雄安发展研究智库"揭牌
资料来源：中国社会科学网，记者朱高磊/摄。

中国社会科学院副院长、党组成员蔡昉致辞

资料来源：中国社会科学网，记者朱高磊/摄。

天津财经大学校长李维安致辞

资料来源：中国社会科学网，记者朱高磊/摄。

中国社会科学院工业经济研究所所长黄群慧致辞
资料来源：中国社会科学网，记者朱高磊/摄。

中国社会科学院工业经济研究所党委书记兼副所长史丹主持论坛开幕式
资料来源：中国社会科学网，记者朱高磊/摄。

与会学者合影

资料来源：中国社会科学网，记者朱高磊/摄。

会议现场

资料来源：中国社会科学网，记者朱高磊/摄。

央视新闻客户端：雄安发展研究智库成立

发布时间：2017 年 7 月 18 日　　记者：古峻岭

7 月 18 日，中国社会科学院工业经济研究所、京津冀协同发展智库等机构共同成立"中国社会科学院雄安发展研究智库"。

该智库将对雄安新区定位、规划、开发建设及改革发展推动新区建设进行系统研究、建言献策。同时为推动优化京津冀空间结构、促进区域协调发展、创新区域发展路径、建设非首都功能疏解集中承载地、打造京津冀区域新兴的增长极，发挥科研优势和学科影响力，着力打造京津冀协同发展和雄安新区发展研究的高水平国家专业智库，努力为雄安新区发展贡献自己的学术研究力量。

凤凰财经：中国社会科学院雄安发展研究智库成立

发布时间：2017 年 7 月 18 日

7 月 18 日，由中国社会科学院工业经济研究所、中国社会科学院京津冀协同发展智库和经济管理出版社共同主办的"中国社会科学院雄安发展研究智库成立暨京津冀协同发展学术论坛"在北京召开。

与会学者合影

本届论坛以"新理念引领新发展"为主题，与会代表重点围绕解决北京"大城市病"、优化京津冀空间结构、促进区域协调发展、创新区域发展路径、建设非首都功能疏解集中承载地、打造京津冀区域新兴的增长极等重要问题展开了深入研讨，既是对推动京津冀协同发展的重要研讨，也是对雄安新区定位、规划、开发建设及改革发展推动新区建设的有益探索。

本届论坛分中国社会科学院雄安发展研究智库成立和京津冀协同发展学术论坛两个环节。国家发展和改革委员会、国务院发展研究中心、河北省保定市人大常委会、雄安新区管委会、中国社会科学院、华润集团、招商局集团、国家开发投资公司、南开大学、首都经济贸易大学、天津财经大学、河北经贸大学、北京市社会科学院、天津市社会科学院、河北省社会科学院等有关部委领导、企业和学术界代表百余人参加了本届论坛。论坛开幕式由中国社会科学院工业经济研究所党委书记兼副所长史丹研究员主持，中国社会科学院院长王伟光研究员、中国社会科学院副院长蔡昉研究员、京津冀协同发展智库理事单位代表兼天津财经大学校长李维安教授和中国社会科学院工业经济研究所所长黄群慧研究员分别致辞，王伟光研究员和蔡昉研究员共同为"中国社会科学院雄安发展研究智库"揭牌。

中国社会科学院院长王伟光研究员在致辞中表示，雄安新区是中共中央、国务院批准设立的具有全国意义的新区，这是以习近平同志为核心的党中央做出的一项重大的历史性战略选择，是千年大计、国家大事。为了更好地服务党中央这一重大决策，中国社会科学院决定在"中国社会科学院京津冀协同发展智库"的基础上加挂成立"中国社会科学院雄安发展研究智库"，继续发挥工业经济研究所科研优势和学科影响力，着力打造京津冀协同发展和雄安新区发展研究的高水平国家专业智库。

中国社会科学院副院长蔡昉研究员指出，中国社会科学院作为中共中央、国务院的思想库、智囊团，作为国家高端综合智库，有责任、有义务全力服务国家重大发展战略、投身到河北雄安新区这一伟大的实践中去，在雄安新区建设中努力发挥咨政建言、社会服务等重要功能，通过参与雄安新区建设的实践，持续推动理论创新。同时，他还强调，雄安新区总体上应着眼城市功能形态开发，推动生活、生产和生态功能同步规划、协调发展，加快形成主导功能明确、空间集约、产城融合、城乡协调的发展格局。

中国社会科学院工业经济研究所所长黄群慧研究员表示，工业经济研究所是以研究产业经济、区域经济和企业管理三大领域为主的现实应用经济类研究所，近些年来围绕京津冀协同发展问题进行了大量研究。中国社会科学院京津冀协同发展智库已经完成了《京津冀协同发展指数报告》等一批有关京津冀协同发展的科研成果，为推进京津冀协同发展研究提供了有效的智力支持。今后，中国社会科学院雄安发展研究智库将致力于雄安新区发展的相关研究、学术研讨、政策咨询等工作，努力为雄安新区发展贡献自己的学术研究力量。

会上，国务院发展研究中心发展战略和区域经济研究部原部长李善同研究员、河北经贸大学校长纪良纲教授、南开大学校长助理兼经济与社会发展研究院院长刘秉镰教授、国家发展和改革委员会国土开发与地区经济研究所原所长肖金成研究员、国家发展和改革委员会社会发展研究所所长杨宜勇研究员、北京市社会科学院副院长赵弘研究员、天津市社会科学院副院长钟会兵研究员、河北省社会科学院副院长彭建强研究员、华润集团副秘书长兼华润雄安新区专项工作组组长张大为先生、招商局集团雄安新区开发建设工作办公室主任杨天平先生、中国社会科学院农村发展研究所所长魏后凯研究员、中国社会科学院财经战略研究院院长助理倪鹏飞研究员等知名专家分别做了精彩主题演讲，经济管理出版社社长张世贤研究员为本届论坛做了会议总结。

21 世纪经济报道：雄安新区如何实现内生性增长？专家建议培育创新生态系统

发布时间：2017 年 7 月 19 日　　记者：夏旭田、李祺祺、孙梓敬

要培育壮大创新型企业，积极建设"京津雄"创新圈，在雄安新区建设一批联合研发企业，对于雄安新区已有的国有企业，建立混合制所有制，引进民间资本，优化治理结构，激发创新活力。

雄安新区资料图

目标瞄准"国际顶尖"的雄安新区城市设计，在 7 月 16

日刚刚结束了城市设计国际咨询的第一次现场咨询，共有 12 家设计机构前来参加。

在此前一天即 7 月 15 日，河北省委常委、雄安新区党工委书记陈刚率代表团到杭州考察西溪湿地等，主要关注杭州在推进产业转型、加快城市建设等方面的巨大变化，特别是在城市规划建设管理、水城共融发展等方面进行探索。

无疑，雄安新区的建设正在积极吸收各方"营养"，打好"第一根桩"。而雄安新区的健康、可持续发展，既离不开合理的城市设计，也离不开产业发展。

7 月 18 日，中国社会科学院雄安发展研究智库揭牌成立，智库成立仪式上举办了京津冀协同发展学术论坛，论坛围绕建设非首都功能疏解集中承载地、创新区域发展路径、优化京津冀空间结构、打造区域新兴增长极等问题进行了深入研讨。

参会专家在论坛上建议，雄安新区在初期承接北京非首都功能疏解的基础上，应当培育自身"造血能力"，打造高端制造业和生产性服务业融合发展主导的现代产业体系。

在空间规划上，雄安新区应吸取北京等城市"城市病"的教训，防止"摊大饼"，应建立轨道交通优先的公共交通体系。

建立"京津雄"创新圈

雄安新区的首要定位是北京非首都功能疏解的集中承载

地，但在南开大学校长助理、京津冀协同发展专家咨询委员会委员刘秉镰看来，雄安不能仅靠疏解北京非首都功能，还要走自主发展、内生性增长的道路。

他在论坛上表示，雄安不同于深圳和浦东，从背景上看，后者设立时正处改革开放初期，各种要素迅速向这两个地区聚集，因而享受了中国经济高速增长的推力。而雄安新区设立时，中国经济已进入新常态"L"型走势筑底阶段。此外，从区位上看，深圳、浦东均为临海港口，易于发展外向型经济，可迅速和国际市场接轨，但雄安离海较远。

"所以，雄安新区未来必须要有自我造血的能力，要内生性增长。"刘秉镰表示，"经济方面，雄安新区未来面临的最大的问题是产业规划问题。雄安必须有一个合理的主导产业，并建立平衡的产业体系。我建议尽早启动雄安新区的产业规划。"

中国社会科学院工业经济研究所所长黄群慧在论坛上指出，从产业成长和城市发展角度看，雄安新区未来可能会经历三个阶段：

一是通过行政手段，疏解北京非首都功能的"转移初创"阶段。伴随大量企事业单位从北京迁移到雄安新区，雄安新区产业会获得一个发展"初速度"，该阶段的产业成长动力来自行政推进，预计该阶段应该延续到2020年后。

二是雄安产业成长从行政推进逐步转向自我发展的"转型换挡"阶段，伴随着疏解非首都功能的逐步完成，雄安产业成长的行政动力逐步弱化，新的市场化动力和企业自生能力逐步培育形成，这个阶段预计也需要 3 年左右的时间。

三是主要依靠市场化力量在竞争中自我成长的"创新发展"阶段，如果"转移初创""转型换挡"这两个阶段实施得比较成功，预计雄安产业最晚应该在 2025 年步入这个阶段，通过创新驱动获得加速发展。

在论坛上印发的中国社会科学院雄安新区专报（以下简称专报）中，黄群慧进一步阐述称，在初始阶段，要大力支持雄安新区承接北京市高端高新产业和现代服务业转移。

在产业选择上，黄群慧建议雄安以高端制造为先导培育创新生态系统，进而打造高端制造业和生产性服务业融合发展主导的现代产业体系。

河北经贸大学校长纪良纲认为，雄安应该培育创新驱动发展的"样板"，首先要培育壮大创新型企业，积极建设"京津雄"创新圈，在雄安新区建设一批联合研发企业，对于雄安新区已有的国有企业，建立混合所有制，引进民间资本，优化治理结构，激发创新活力。对于中小微企业，大力发展科技金融，为其提供融资支持，帮助中小微企业渡过"死亡之谷"。

"轨道优先" 以解决城市病

在产业发展之外，北京市社会科学院副院长赵弘认为，当前雄安新区正处于"打第一根桩"的关键时期，一定要吸取中国城市普遍存在的"城市病"教训，防止"摊大饼"，做好城市空间分散化布局的规划。

"中国 600 个城市中 500 个都出现了城市病问题，雄安新区一定不能像北京一样城市功能集中布局。"他在论坛上指出。

黄群慧在专报中指出，雄安的产业布局要改变以往以产业区作为发展主体的固有模式，以综合片区、组团式布局为基本依据，实现产业用地规模、主导业态、空间布局与片区的定位相协调。

从城市布局看，他认为要按照组团式的组合型城市进行建设，摒弃单纯功能布局和宽马路、大广场的做法，采用多功能混合，密路网、小街区的宜人生活空间组织，做好城市空间分散化布局的规划。其初步设想是要打造中央商务区组团、绿色宜居区组团、高端高新产业区组团、大学研发区组团和滨淀生态休闲区组团等。

同时，赵弘提出雄安新区必须前瞻性地规划建设轨道交通体系。"在世界各个大都市及都市圈中，公共交通都占据了主导地位，在公共交通中轨道交通占主导地位，轨道交通是解决大城市'城市病'的唯一出路。"

85

他认为，雄安未来的交通网络应该分为三个层次：

第一个层次是在它的核心区域，应该建立以地铁为主导的轨道交通，要保证核心区的站点密度，从而保证区域高效运行并具有较强交通承载能力。

第二个层次是核心区连接容城、安新和雄县以及未来重点发展板块等组团之间的通达性，特别是对于核心区周边的未来发展的组团，要预留轨道交通的路由，要建立大站距的轨道快线。

第三个层次是雄安到北京、天津、保定等城市，特别是到北京的快速交通体系，轨道交通优先建立快速铁路。

7月6日，北京到保定，途经白沟站和白洋淀站的两对动车组首次开通，就此结束了从北京到雄安新区没有直达列车的历史。

而根据河北近日印发的《河北省综合交通运输体系发展"十三五"规划》，"十三五"期间，河北要开工建设固安至雄安新区至保定的城际铁路、京九高铁北京至雄安新区段、京九高铁雄安新区至商丘段、北京至雄安新区至石家庄城际铁路等多条连通雄安新区的高铁线路，并研究天津至雄安新区至石家庄的铁路项目。

港口方面，交通部、天津市、河北省日前联合印发的《加快推进津冀港口协同发展工作方案（2017~2020年）》提出，提升港口对内陆地区的辐射带动作用。加强津冀港航资源与雄安新区交通物流需求的有效衔接，大力支持雄安新区建设。

除此之外，最新的城市交通在雄安新区也有率先落地的可能。比如，黄群慧就在专报中建议雄安新区建立快捷便利、绿色清洁、共享的城市交通系统，尝试率先在新区开展无人驾驶汽车试点。

中国新闻网：中国社科院成立雄安发展研究智库

发布时间：2017 年 7 月 18 日　记者：蒋涛

中国社会科学院 18 日在北京宣布成立雄安发展研究智库。

当天，"中国社会科学院雄安发展研究智库成立暨京津冀协同发展学术论坛"在北京召开，论坛包括中国社会科学院雄安发展研究智库成立和京津冀协同发展学术论坛两个环节。中国社会科学院院长王伟光和中国社会科学院副院长蔡昉共同为"中国社会科学院雄安发展研究智库"揭牌。

王伟光表示，为更好地服务中共中央这一重大决策，中国社会科学院决定在"中国社会科学院京津冀协同发展智库"的基础上加挂成立"中国社会科学院雄安发展研究智库"，继续发挥中国社会科学院工业经济研究所的科研优势和学科影响力，着力打造京津冀协同发展和雄安新区发展研究的高水平国家专业智库。

蔡昉认为，雄安新区总体上应着眼城市功能形态开发，推动生活、生产和生态功能同步规划、协调发展，加快形成主导功能明确、空间集约、产城融合、城乡协调的发展格局。

中国社会科学院工业经济研究所是以研究产业经济、区域经济和企业管理三大领域为主的现实应用经济类研究所，近些年来围绕京津冀协同发展问题进行了大量研究。中国社会科学院京津冀协同发展智库已完成《京津冀协同发展指数报告》等一批有关京津冀协同发展的科研成果。

中国社会科学院工业经济研究所所长黄群慧表示，中国社会科学院雄安发展研究智库将致力于雄安新区发展的相关研究、学术研讨、政策咨询等工作，努力为雄安新区发展贡献自己的学术研究力量。

经济参考报：社科院建议继续严控
雄安新区房地产市场

发布时间：2017 年 7 月 19 日　记者：林远、夏思宇、余亚蓝

7 月 18 日，由中国社会科学院工业经济研究所、中国社会科学院京津冀协同发展智库和经济管理出版社共同主办的"中国社会科学院雄安发展研究智库成立暨京津冀协同发展学术论坛"在北京召开。中国社会科学院课题组和相关专家表示，雄安新区应打造中国特色住房制度新模式，要在当地建立多元化的住房产权制度。未来在雄安新区发展的初期，仍然要对房地产市场实行严格管制，同时加强与京、津的区域联控，打击恶性炒房、哄抬房价行为，防止房价失控，过快增长。

中国社会科学院财经战略研究院院长助理、研究员倪鹏飞表示，雄安新区应打造中国特色住房制度新模式。一方面，社会公众将资金交给营利性或公益性基金公司，基金公司投资或委托开发经营企业进行住房开发与经营（出租出售）。另一方面，私人家庭自己或在政府的帮助下，通过市场或准市场购买或租赁住房。与此同时，政府对公益基金注入财政资金，对保

障和政策住房实施土地无偿划拨和税费减免，对中低收入居民和特殊人才实施定向补贴。"这样资金循环，既能保证房地产的开发又能保证其持续。"倪鹏飞说。

中国资讯网：中国社会科学院雄安发展研究智库成立

来源：中国资讯网　记者：郭燕春/文并摄影　责任编辑：李漫莉

"中国社会科学院雄安发展研究智库"揭牌

由中国社会科学院工业经济研究所、中国社会科学院京津冀协同发展智库和经济管理出版社共同主办的"中国社会科学院雄安发展研究智库成立暨京津冀协同发展学术论坛"7月18日在北京召开。

中国资讯网了解到，本届论坛以"新理念引领新发展"

为主题，与会代表重点围绕解决北京"大城市病"、优化京津冀空间结构、促进区域协调发展、创新区域发展路径、建设非首都功能疏解集中承载地、打造京津冀区域新兴的增长极等重要问题展开了深入研讨，既是对推动京津冀协同发展的重要研讨，也是对雄安新区定位、规划、开发建设及改革发展推动新区建设的有益探索。

本届论坛分中国社会科学院雄安发展研究智库成立和京津冀协同发展学术论坛两个环节。国家发展和改革委员会、国务院发展研究中心、河北省保定市人大常委会、雄安新区管委会、中国社会科学院、华润集团、招商局集团、国家开发投资公司、南开大学、首都经济贸易大学、天津财经大学、河北经贸大学、北京市社会科学院、天津市社会科学院、河北省社会科学院等有关部委领导、企业和学术界代表百余人参加了本届论坛。论坛开幕式由中国社会科学院工业经济研究所党委书记兼副所长史丹研究员主持，中国社会科学院院长王伟光研究员、中国社会科学院副院长蔡昉研究员、京津冀协同发展智库理事单位代表兼天津财经大学校长李维安教授和中国社会科学院工业经济研究所所长黄群慧研究员分别致辞，王伟光研究员和蔡昉研究员共同为"中国社会科学院雄安发展研究智库"揭牌。

中国社会科学院院长王伟光研究员在致辞中表示，雄安新

中国社会科学院院长、党组书记王伟光致辞

区是中共中央、国务院批准设立的具有全国意义的新区，这是以习近平同志为核心的党中央做出的一项重大的历史性战略选择，是千年大计、国家大事。为了更好地服务党中央这一重大决策，中国社会科学院决定在"中国社会科学院京津冀协同发展智库"的基础上加挂成立"中国社会科学院雄安发展研究智库"，继续发挥工业经济研究所的科研优势和学科影响力，着力打造京津冀协同发展和雄安新区发展研究的高水平国家专业智库。

中国社会科学院副院长蔡昉研究员指出，中国社会科学院作为中共中央、国务院的思想库、智囊团，作为国家高端综合智库，有责任、有义务全力服务国家重大发展战略、投身到河北雄安新区这一伟大的实践中去，在雄安新区建设中努力发挥咨政建言、社会服务等重要功能，通过参与雄安新区建设的实践，持续推动理论创新。同时，他还强调，雄安新区总体上应着眼城市功能形态开发，推动生活、生产和生态功能同步规划、协调发展，加快形成主导功能明确、空间集约、产城融合、城乡协调的发展格局。

与会学者合影

中国社会科学院工业经济研究所所长黄群慧研究员表示，工业经济研究所是以研究产业经济、区域经济和企业管理三大领域为主的现实应用经济类研究所，近些年来围绕京津冀协同发展问题进行了大量研究。中国社会科学院京津冀协同发展智库已经完成了《京津冀协同发展指数报告》等一批有关京津冀协同发展的科研成果，为推进京津冀协同发展研究提供了有效的智力支持。今后，中国社会科学院雄安发展研究智库将致力于雄安新区发展的相关研究、学术研讨、政策咨询等工作，努力为雄安新区发展贡献自己的学术研究力量。

据中国资讯网了解，国务院发展研究中心发展战略和区域经济研究部原部长李善同研究员、河北经贸大学校长纪良纲教授、南开大学校长助理兼经济与社会发展研究院院长刘秉镰教授、国家发展和改革委员会国土开发与地区经济研究所原所长肖金成研究员、国家发展和改革委员会社会发展研究所所长杨宜勇研究员、北京市社会科学院副院长赵弘研究员、天津市社会科学院副院长钟会兵研究员、河北省社会科学院副院长彭建强研究员、华润集团副秘书长兼华润雄安新区专项工作组组长张大为先生、招商局集团雄安新区开发建设工作办公室主任杨天平先生、中国社会科学院农村发展研究所所长魏后凯研究员、中国社会科学院财经战略研究院院长助理倪鹏飞研究员等知名专家分别做了精彩主题演讲，经济管理出版社社长张世贤研究员为本届论坛做了会议总结。

中国网："中国社会科学院雄安发展研究智库成立暨京津冀协同发展学术论坛"在京召开

发布时间：2017 年 7 月 18 日　　记者：清水　责任编辑：清水

2017 年 7 月 18 日，由中国社会科学院工业经济研究所、中国社会科学院京津冀协同发展智库和经济管理出版社共同主办的"中国社会科学院雄安发展研究智库成立暨京津冀协同发展学术论坛"在北京召开。

本届论坛以"新理念引领新发展"为主题，与会代表重点围绕解决北京"大城市病"、优化京津冀空间结构、促进区域协调发展、创新区域发展路径、建设非首都功能疏解集中承载地、打造京津冀区域新兴的增长极等重要问题展开了深入研讨，既是对推动京津冀协同发展的重要研讨，也是对雄安新区定位、规划、开发建设及改革发展推动新区建设的有益探索。

本届论坛分中国社会科学院雄安发展研究智库成立和京津冀协同发展学术论坛两个环节。国家发展和改革委员会、国务院发展研究中心、河北省保定市人大常委会、雄安新区管委会、中国社会科学院、华润集团、招商局集团、国家开发投资公司、南开大学、首都经济贸易大学、天津财经大学、河北经贸大学、北京市社会科学院、天津市社会科学院、河北省社会科学院等有关部委领导、企业和学术界代表百余人参加了本届论坛。论坛开幕式由中国社会科学院工业经济研究所党委书记兼副所长史丹研究员主持，中国社会科学院院长王伟光研究员、中国社会科学院副院长蔡昉研究员、京津冀协同发展智库理事单位代表兼天津财经大学校长李维安教授和中国社会科学院工业经济研究所所长黄群慧研究员分别致辞，王伟光研究员和蔡昉研究员共同为"中国社会科学院雄安发展研究智库"揭牌。

中国社会科学院院长王伟光研究员在致辞中表示，雄安新区是中共中央、国务院批准设立的具有全国意义的新区，这是以习近平同志为核心的党中央做出的一项重大的历史性战略选择，是千年大计、国家大事。为了更好地服务党中央这一重大决策，中国社会科学院决定在"中国社会科学院京津冀协同发展智库"的基础上加挂成立"中国社会科学院雄安发展研究智库"，继续发挥工业经济研究所的科研优势和学科影响力，着力打造京津冀协同发展和雄安新区发展研究的高水平国家专业智库。

中国社会科学院副院长蔡昉研究员指出，中国社会科学院作为中共中央、国务院的思想库、智囊团，作为国家高端综合智库，有责任、有义务全力服务国家重大发展战略、投身到河北雄安新区这一伟大的实践中去，在雄安新区建设中努力发挥咨政建言、社会服务等重要功能，通过参与雄安新区建设的实践，持续推动理论创新。同时，他还强调，雄安新区总体上应着眼城市功能形态开发，推动生活、生产和生态功能同步规划、协调发展，加快形成主导功能明确、空间集约、产城融合、城乡协调的发展格局。

中国社会科学院工业经济研究所所长黄群慧研究员表示，工业经济研究所是以研究产业经济、区域经济和企业管理三大领域为主的现实应用经济类研究所，近些年来围绕京津冀协同发展问题进行了大量研究。中国社会科学院京津冀协同发展智库已经完成了《京津冀协同发展指数报告》等一批有关京津冀协同发展的科研成果，为推进京津冀协同发展研究提供了有效的智力支持。今后，中国社会科学院雄安发展研究智库将致力于雄安新区发展的相关研究、学术研讨、政策咨询等工作，努力为雄安新区发展贡献自己的学术研究力量。

会上，来自国务院发展研究中心发展战略和区域经济研究部原部长李善同研究员、河北经贸大学校长纪良纲教授、南开大学校长助理兼经济与社会发展研究院院长刘秉镰教授、国家发展和改革委员会国土开发与地区经济研究所原所长肖金成研究员、国家发展和改革委员会社会发展研究所所长杨宜勇研究

员、北京市社会科学院副院长赵弘研究员、天津市社会科学院
副院长钟会兵研究员、河北省社会科学院副院长彭建强研究
员、华润集团副秘书长兼华润雄安新区专项工作组组长张大为
先生、招商局集团雄安新区开发建设工作办公室主任杨天平先
生、中国社会科学院农村发展研究所所长魏后凯研究员、中国
社会科学院财经战略研究院院长助理倪鹏飞研究员等知名专家
分别做了精彩主题演讲，经济管理出版社社长张世贤研究员为
本届论坛做了会议总结。

上海证券报·中国证券网（上海）：雄安新区
最高层次智库挂牌　两大规划正在制订

发布时间：2017 年 7 月 19 日　记者：赵静　责任编辑：

钟齐鸣

雄安新区资料图

先行锁定总体规划和生态环境保护

中国社会科学院雄安发展研究智库于 2017 年 7 月 18 日正

式挂牌成立。这是迄今为止最高层次的研究雄安新区建设的智

库机构。

记者从该智库成立大会暨首届京津冀协同发展学术论坛上获悉，目前，国家正就雄安新区未来建设制订两项规划——雄安新区的总体规划和雄安新区的生态环境保护规划。论坛上，来自中国社会科学院和各学术机构的学者对雄安新区未来的定位、规划和建设等问题提出建议与构想。

既不是深圳也不是浦东

在目前的国家级经济新区、特区中，最成功的当属深圳经济特区和浦东新区。南开大学经济与社会发展研究院院长、京津冀协同发展专家咨询委员会委员刘秉镰认为，比较而言，雄安与深圳、浦东都不一样。一方面，深圳和浦东先后设立在我国改革开放的初始期和快速成长期，享受到了经济高增长的推力，而雄安设立在我国经济"L"型筑底阶段。另一方面，在区位优势上，深圳与浦东都是港口城市（地区），利于外向型发展，而雄安必须走自主发展的道路。

中国社会科学院院长王伟光在致辞中表示，如果说20世纪80年代深圳对外开放带动了珠三角的崛起，90年代浦东新区开发开放带动了长三角的腾飞，那么现阶段雄安新区的开发建设，无疑将促进京津冀高水平协同发展和加快形成具有竞争优势的世界级城市群。

京津冀协同发展的产业支点

"从经济发展看，雄安最大的问题将是产业规划问题。"

刘秉镰说，比建设城市更难的是维持城市的可持续发展。中央目前正在制订雄安新区的总体规划和生态环境保护规划。然而，推动城市持续、平衡发展，首先应研究主导产业是什么。因此，主导产业的规划也应尽早做起来。

中国社会科学院工业经济研究所所长、京津冀协同发展智库研究员黄群慧告诉记者，雄安新区的产业定位既要符合集中疏解北京非首都功能、绿色生态宜居、创新驱动引领、高端产业示范的要求，又要有利于优化京津冀城市群空间结构、打造世界级城市群、促进京津冀的协同发展。这就要求雄安新区的产业定位一定是能吸纳和集聚创新要素、代表未来产业发展方向、产业前后关联度高、有利于京津冀经济增长动能转换的高端产业。

"以智能制造、绿色制造和服务制造为核心的高端制造业，因其发展资源环境负荷小，符合雄安新区绿色生态宜居城市的定位，应以此为主导构建现代产业体系。这样既有利于疏解北京非首都功能，同时又能与天津的计算机、通信和其他电子设备制造业等产业协同，还能带动河北的钢铁、制药、汽车制造、纺织等产业转型升级，发挥进一步推进京津冀产业协同发展的支点作用。"黄群慧说。

"《京津冀协同发展规划纲要》提出，北京非首都功能需集中疏解和分散疏解相结合。此前集中疏解去哪里，一直没有明确。现在终于有了答案：雄安新区。"国家发展和改革委员会国土开发与地区经济研究所前所长、研究员肖金成说。

拉动河北的发展则是雄安的另一项重要任务。在肖金成看来，具体如何拉动是下一步的难题。目前需要担心的问题是，机构转过去了但人没转过去。雄安仅 200 平方公里的面积和 200 万的人口，如何拉动周边发展？"因此，产业、功能都要有所分工。"

住房供给应突破旧体制

在中国社会科学院财经战略研究院院长助理、研究员倪鹏飞看来，雄安应致力于建设中国特色住房制度的新模式，探索中国住房发展模式的新实验。

应探索怎样的雄安住房新模式？倪鹏飞指出，应转为基金主导专业分工的住房发展新模式。

"住房发展最重要的是钱的问题。打破旧有模式，钱从哪里来？又怎样形成良性循环？"倪鹏飞认为，应通过建立各种房地产开发的社会基金，吸引公众资金，然后由基金公司投资，或委托给开发企业去开发、经营、出租、出售。

而私人或家庭则可通过市场或准市场购买、租赁住房。倪鹏飞建议，政府可对保障性、政策性住房实施土地无偿划拨和税收减免，对中低收入的居民和特殊人才实施定向补贴。政府的投资并非无偿，都可折价计入产权股份，这样就形成了资金循环，保证了房地产可开发、能持续。在制度性安排上，除了商品房、政策房的双轨制，在产权上也可建立多元化的产权制度。特别是对保障房，可建立共有产权制度。至于政府划拨，都可作价计入股权。

中国经济时报　中国经济新闻网：中国社会科学院
雄安发展研究智库挂牌成立
——雄安新区要内生性生长

发布时间：2017 年 7 月 25 日　记者：王彩娜

由中国社会科学院工业经济研究所、中国社会科学院京津
冀协同发展智库和经济管理出版社共同主办的"中国社会科
学院雄安发展研究智库成立暨京津冀协同发展学术论坛"日
前在北京召开。来自中国社会科学院、国家发展和改革委员
会、国务院发展研究中心、雄安新区管委会等有关单位的与会
代表们围绕优化京津冀空间结构、促进区域协调发展、创新区
域发展路径、打造京津冀区域新的增长极等问题展开了深入
研讨。

中国社会科学院院长王伟光在致辞中表示，雄安新区是中
共中央、国务院批准设立的具有全国意义的新区，是千年大
计、国家大事。为了更好地服务党中央这一重大决策，中国社
会科学院决定在"中国社会科学院京津冀协同发展智库"的
基础上加挂成立"中国社会科学院雄安发展研究智库"，着力
打造京津冀协同发展和雄安新区发展研究的高水平国家专业

智库。

南开大学校长助理、经济与社会发展研究院院长、京津冀协同发展专家咨询委员会委员刘秉镰在该论坛上表示,雄安新区未来发展要走自主发展、内生性增长的道路,要有自我造血的能力。

刘秉镰强调,雄安新区的定位是北京非首都功能疏解集中承载地,但这样大规模的城市完全依靠疏解北京的非首都功能来把它撑起来是有困难的。"最容易做的事是建城市,最难做的事是维持一个城市长期持续的稳定和繁荣,想做到这点,这个城市就必须有一个合理的主导产业。要科学规划,适度分离,解决好主导产业和相关高新技术产业如何进入、如何持续发展的问题。"

中国社会科学院京津冀协同发展智库已经完成了《京津冀协同发展指数报告》等一批有关京津冀协同发展的科研成果,为推进京津冀协同发展研究提供了有效的智力支持。

中国社会科学院工业经济研究所所长黄群慧研究员表示,今后,中国社会科学院雄安发展研究智库将致力于雄安新区发展的相关研究、学术研讨、政策咨询等工作,努力为雄安新区发展贡献学术研究力量。

北京日报：社科院成立雄安发展研究智库

发布时间：2017 年 7 月 21 日　　记者：李如意

日前，中国社会科学院雄安发展研究智库在京成立。成立仪式上，与会专家就雄安新区定位、规划、开发建设等议题进行了深入探讨。

中国社会科学院院长王伟光表示，雄安新区是中共中央、国务院批准设立的新区，中国社会科学院决定在"中国社会科学院京津冀协同发展智库"的基础上加挂成立"中国社会科学院雄安发展研究智库"，继续发挥中国社会科学院工业经济研究所的科研优势和学科影响力，着力打造京津冀协同发展和雄安新区发展研究的高水平国家专业智库。

本次活动由中国社会科学院工业经济研究所、中国社会科学院京津冀协同发展智库和经济管理出版社共同主办。中国社会科学院工业经济研究所所长黄群慧表示，近年来工业经济研究所围绕京津冀协同发展问题进行了大量研究。今后，中国社会科学院雄安发展研究智库将致力于雄安新区发展的相关研究、学术研讨、政策咨询等工作，努力为雄安新区贡献自己的学术研究力量。

中国小康网：中国社会科学院雄安发展研究智库成立暨京津冀协同发展学术论坛

发布时间：2017 年 7 月 18 日　记者：刘源隆　责任编辑：朝画西施

7 月 18 日，由中国社会科学院工业经济研究所、中国社会科学院京津冀协同发展智库和经济管理出版社共同主办的"中国社会科学院雄安发展研究智库成立暨京津冀协同发展学术论坛"在北京召开。

会议现场

本届论坛以"新理念引领新发展"为主题，与会代表围绕解决北京"大城市病"、优化京津冀空间结构、促进区域协调发展、创新区域发展路径、建设非首都功能疏解集中承载地、打造京津冀区域新兴的增长极等重要问题展开了深入研讨，既是对推动京津冀协同发展的重要研讨，也是对雄安新区定位、规划、开发建设及改革发展推动新区建设的有益探索。

本届论坛分中国社会科学院雄安发展研究智库成立和京津冀协同发展学术论坛两个环节。国家发展和改革委员会、国务院发展研究中心、河北省保定市人大常委会、雄安新区管委会、中国社会科学院、华润集团、招商局集团、国家开发投资公司、南开大学、首都经济贸易大学、天津财经大学、河北经贸大学、北京市社会科学院、天津市社会科学院、河北省社会科学院等有关部委领导、企业和学术界代表百余人参加了本届论坛。论坛开幕式由中国社会科学院工业经济研究所党委书记兼副所长史丹研究员主持，中国社会科学院院长王伟光研究员、中国社会科学院副院长蔡昉研究员、京津冀协同发展智库理事单位代表兼天津财经大学校长李维安教授和中国社会科学院工业经济研究所所长黄群慧研究员分别致辞，王伟光研究员和蔡昉研究员共同为"中国社会科学院雄安发展研究智库"揭牌。

中国社会科学院院长王伟光研究员在致辞中表示，雄安新区是中共中央、国务院批准设立的具有全国意义的新区，这是以习近平同志为核心的党中央做出的一项重大的历史性战略选择，是千年大计、国家大事。为了更好地服务党中央这一重大决策，中国社会科学院决定在"中国社会科学院京津冀协同发展智库"的基础上加挂成立"中国社会科学院雄安发展研究智库"，继续发挥工业经济研究所的科研优势和学科影响力，着力打造京津冀协同发展和雄安新区发展研究的高水平国家专业智库。

嘉宾合影

中国社会科学院副院长蔡昉研究员指出，中国社会科学院作为中共中央、国务院的思想库、智囊团，作为国家高端综合智库，有责任、有义务全力服务国家重大发展战略、投身到河北雄安新区这一伟大的实践中去，在雄安新区建设中努力发挥咨政建言、社会服务等重要功能，通过参与雄安新区建设的实践，持续推动理论创新。同时，他还强调，雄安新区总体上应着眼城市功能形态开发，推动生活、生产和生态功能同步规划、协调发展，加快形成主导功能明确、空间集约、产城融合、城乡协调的发展格局。

中国社会科学院工业经济研究所所长黄群慧研究员表示，工业经济研究所是以研究产业经济、区域经济和企业管理三大领域为主的现实应用经济类研究所，近些年来围绕京津冀协同发展问题进行了大量研究。中国社会科学院京津冀协同发展智库已经完成了《京津冀协同发展指数报告》等一批有关京津冀协同发展的科研成果，为推进京津冀协同发展研究提供了有效的智力支持。今后，中国社会科学院雄安发展研究智库将致力于雄安新区发展的相关研究、学术研讨、政策咨询等工作，努力为雄安新区发展贡献自己的学术研究力量。

会上，国务院发展研究中心发展战略和区域经济研究部原部长李善同研究员、河北经贸大学校长纪良纲教授、南开大学校长助理兼经济与社会发展研究院院长刘秉镰教授、国家发展和改革委员会国土开发与地区经济研究所原所长肖金成研究员、国家发展和改革委员会社会发展研究所所长杨宜勇研究员、北京市社会科学院副院长赵弘研究员、天津市社会科学院副院长钟会兵研究员、河北省社会科学院副院长彭建强研究员、华润集团副秘书长兼华润雄安新区专项工作组组长张大为先生、招商局集团雄安新区开发建设工作办公室主任杨天平先生、中国社会科学院农村发展研究所所长魏后凯研究员、中国社会科学院财经战略研究院院长助理倪鹏飞研究员等知名专家分别做了精彩主题演讲，经济管理出版社社长张世贤研究员为本届论坛做了会议总结。

北京时间云记者—中经报道：中国社会科学院
雄安发展研究智库在京成立

发布时间：2017 年 7 月 21 日

7 月 18 日，由中国社会科学院工业经济研究所、中国社会科学院京津冀协同发展智库和经济管理出版社共同主办的"中国社会科学院雄安发展研究智库成立暨京津冀协同发展学术论坛"在北京召开。本届论坛以"新理念引领新发展"为主题，与会代表重点围绕解决北京"大城市病"、优化京津冀空间结构、促进区域协调发展、创新区域发展路径、建设非首都功能疏解集中承载地、打造京津冀区域新兴的增长极等重要问题展开了深入研讨，既是对推动京津冀协同发展的重要研讨，也是对雄安新区定位、规划、开发建设及改革发展推动新区建设的有益探索。

本届论坛分中国社会科学院雄安发展研究智库成立和京津冀协同发展学术论坛两个环节。国家发展和改革委员会、国务院发展研究中心、河北省保定市人大常委会、雄安新区管委会、中国社会科学院、华润集团、招商局集团、国家开发投资公司、南开大学、首都经济贸易大学、天津财经大学、河北经

揭牌仪式

贸大学、北京市社会科学院、天津市社会科学院、河北省社会科学院等有关部委领导、企业和学术界代表百余人参加了本届论坛。

论坛开幕式由中国社会科学院工业经济研究所党委书记兼副所长史丹研究员主持,中国社会科学院院长王伟光研究员、中国社会科学院副院长蔡昉研究员、京津冀协同发展智库理事单位代表兼天津财经大学校长李维安教授和中国社会科学院工业经济研究所所长黄群慧研究员分别致辞,王伟光研究员和蔡昉研究员共同为"中国社会科学院雄安发展研究智库"揭牌。

中国社会科学院院长王伟光研究员在致辞中表示,雄安新区是中共中央、国务院批准设立的具有全国意义的新区,这是千年大计、国家大事。为了更好地服务党中央这一重大决策,

115

中国社会科学院决定在"中国社会科学院京津冀协同发展智库"的基础上加挂成立"中国社会科学院雄安发展研究智库"，继续发挥工业经济研究所的科研优势和学科影响力，着力打造京津冀协同发展和雄安新区发展研究的高水平国家专业智库。

中国社会科学院副院长蔡昉研究员指出，中国社会科学院作为中共中央、国务院的思想库、智囊团，作为国家高端综合智库，有责任、有义务全力服务国家重大发展战略、投身到河北雄安新区这一伟大的实践中去，在雄安新区建设中努力发挥咨政建言、社会服务等重要功能，通过参与雄安新区建设的实践，持续推动理论创新。

与会学者合影

中国社会科学院工业经济研究所所长黄群慧研究员表示，工业经济研究所是以研究产业经济、区域经济和企业管理三大领域为主的现实应用经济类研究所，近些年来围绕京津冀协同发展问题进行了大量研究。中国社会科学院京津冀协同发展智库已经完成了《京津冀协同发展指数报告》等一批有关京津冀协同发展的科研成果，为推进京津冀协同发展研究提供了有效的智力支持。今后，中国社会科学院雄安发展研究智库将致力于雄安新区发展的相关研究、学术研讨、政策咨询等工作，努力为雄安新区发展贡献自己的学术研究力量。

中国城市报：中国社会科学院雄安发展研究智库成立

发布时间：2017年7月24日　记者：刘天瑞

7月18日，由中国社会科学院工业经济研究所、中国社会科学院京津冀协同发展智库和经济管理出版社共同主办的"中国社会科学院雄安发展研究智库成立暨京津冀协同发展学术论坛"在北京召开。

本届论坛以"新理念引领新发展"为主题，与会代表重点围绕解决北京"大城市病"、优化京津冀空间结构、促进区域协调发展、创新区域发展路径、建设非首都功能疏解集中承载地、打造京津冀区域新兴的增长极等重要问题展开了深入研讨，既是对推动京津冀协同发展的重要研讨，也是对雄安新区定位、规划、开发建设及改革发展推动新区建设的有益探索。

本届论坛分中国社会科学院雄安发展研究智库成立和京津冀协同发展学术论坛两个环节。国家发展和改革委员会、国务院发展研究中心、河北省保定市人大常委会、雄安新区管委会、中国社会科学院、华润集团、招商局集团、国家开发投资公司、南开大学、首都经济贸易大学等有关部委领导、企业和学术界代表等百余人参加了本届论坛。论坛开幕式由中国社会科学院工业经济研究所党委书记兼副所长史丹研究员主持。

中国社会科学院院长王伟光研究员在致辞中表示，雄安新区是中共中央、国务院批准设立的具有全国意义的新区，这是以习近平同志为核心的党中央做出的一项重大的历史性战略选择，是千年大计、国家大事。为了更好地服务党中央这一重大决策，中国社会科学院决定在"中国社会科学院京津冀协同发展智库"的基础上加挂成立"中国社会科学院雄安发展研究智库"，继续发挥工业经济研究所的科研优势和学科影响力，着力打造京津冀协同发展和雄安新区发展研究的高水平国家专业智库。

中国社会科学院副院长蔡昉研究员指出，中国社会科学院作为中共中央、国务院的思想库、智囊团，作为国家高端综合智库，有责任、有义务全力服务国家重大发展战略、投身到河北雄安新区这一伟大的实践中去，在雄安新区建设中努力发挥咨政建言、社会服务等重要功能，通过参与雄安新区建设的实践，持续推动理论创新。同时，他还强调，雄安新区总体上应着眼城市功能形态开发，推动生活、生产和生态功能同步规划、协调发展，加快形成主导功能明确、空间集约、产城融合、城乡协调的发展格局。

"工业经济研究所是以研究产业经济、区域经济和企业管理三大领域为主的现实应用经济类研究所，近些年来围绕京津冀协同发展问题进行了大量研究。中国社会科学院京津冀协同发展智库已经完成了《京津冀协同发展指数报告》等一批有关京津冀协同发展的科研成果，为推进京津冀协同发展研究提供了有效的智力支持。今后，中国社会科学院雄安发展研究智库将致力于雄安新区发展的相关研究、学术研讨、政策咨询等工作，努力为雄安新区发展贡献自己的学术研究力量。"中国社会科学院工业经济研究所所长黄群慧研究员表示。

《中国国情国力》杂志：加强理论创新服务雄安新区建设

发布时间：2017 年 8 月　记者：王圣媛

自中共中央、国务院正式决定设立雄安新区以来，广大社会科学工作者献智献力，积极投身新区建设。7 月 18 日，由中国社会科学院工业经济研究所、中国社会科学院京津冀协同发展智库和经济管理出版社共同主办的"中国社会科学院雄安发展研究智库成立暨京津冀协同发展学术论坛"在北京举行。论坛以"新理念引领新发展"为主题，重点围绕解决北京"大城市病"、优化京津冀空间结构、促进区域协调发展、创新区域发展路径、建设非首都功能疏解集中承载地、打造京津冀区域新兴的增长极等重要问题展开了深入研讨。

"雄安新区是中共中央、国务院批准设立的全国意义新区，这是以习近平同志为核心的党中央做出的一项重大的历史性战略选择，是千年大计、国家大事。"中国社会科学院院长王伟光研究员在致辞中表示，为了更好地服务党中央这一重大决策，中国社会科学院决定在"中国社会科学院京津冀协同发展智库"的基础上加挂成立"中国社会科学院雄安发展研究智库"，继续发挥工业经济研究所的科研优势和学科影响力，着力打造京津冀协同发展和雄安新区发展研究的高水平国家专业智库。

雄安新区总体上应着眼城市功能形态开发。中国社会科学院副院长蔡昉强调，雄安新区必须推动生活、生产和生态功能同步规划、协调发展，加快形成主导功能明确、空间集约、产城融合、城乡协调的发展格局。天津财经大学校长李维安认为，雄安新区应在五大发展理念的基础上，用绿色治理的理念和原则进行总体和顶层设计，使雄安新区在绿色生产、绿色管理、绿色金融、绿色消费和绿色行政的各个层面都走在全国的前列。

"工业经济研究所近些年来围绕京津冀协同发展问题进行了大量研究。中国社会科学院京津冀协同发展智库已经完成了《京津冀协同发展指数报告》等一批有关京津冀协同发展的科研成果，为推进京津冀协同发展研究提供了有效的智力支持。"中国社会科学院工业经济研究所所长黄群慧研究员表示，今后，中国社会科学院雄安发展研究智库将致力于雄安新区发展的相关研究、学术研讨、政策咨询等工作，努力为雄安新区发展贡献自己的学术研究力量。

来自中国社会科学院、国家发展和改革委员会、国务院发展研究中心、河北省保定市人大常委会、雄安新区管委会等有关单位代表百余人参加了本届论坛。

经济通通讯社：中国社科院雄安发展研究智库
成立，正制订两大规划

发布时间：2017 年 7 月 19 日　记者：黄燕明

中国社会科学院雄安发展研究智库挂牌成立。这是迄今为止最高层次的研究雄安新区建设的智库机构。从该智库成立大会暨首届京津冀协同发展学术论坛上获悉，目前，国家正就雄安新区未来建设制订两项规划——雄安新区的总体规划和雄安新区的生态环境保护规划。

中国科技网：中国社会科学院雄安发展研究
智库在京成立

发布时间：2017 年 7 月 18 日　记者：李钊　责任编辑：
桂楷东

中国社会科学院工业经济研究所所长黄群慧研究员做主旨发言

7 月 18 日，由中国社会科学院工业经济研究所、中国社
会科学院京津冀协同发展智库和经济管理出版社共同主办的
"中国社会科学院雄安发展研究智库成立暨京津冀协同发展学
术论坛"在京召开。

本届论坛以"新理念引领新发展"为主题，与会代表重

点围绕解决北京"大城市病"、优化京津冀空间结构、促进区域协调发展、创新区域发展路径、建设非首都功能疏解集中承载地、打造京津冀区域新兴的增长极等重要问题展开了深入研讨，既是对推动京津冀协同发展的重要研讨，也是对雄安新区定位、规划、开发建设及改革发展推动新区建设的有益探索。

本届论坛分中国社会科学院雄安发展研究智库成立和京津冀协同发展学术论坛两个环节。国家发展和改革委员会、国务院发展研究中心、河北省保定市人大常委会、雄安新区管委会、中国社会科学院、华润集团、招商局集团、国家开发投资公司、南开大学、首都经济贸易大学、天津财经大学、河北经贸大学、北京市社会科学院、天津市社会科学院、河北省社会科学院等有关部委领导、企业和学术界代表百余人参加了本届论坛。

论坛开幕式由中国社会科学院工业经济研究所党委书记兼副所长史丹研究员主持，中国社会科学院院长王伟光研究员、中国社会科学院副院长蔡昉研究员、京津冀协同发展智库理事单位代表兼天津财经大学校长李维安教授和中国社会科学院工业经济研究所所长黄群慧研究员分别致辞，王伟光研究员和蔡昉研究员共同为"中国社会科学院雄安发展研究智库"揭牌。

中国社会科学院院长王伟光研究员在致辞中表示，雄安新区是中共中央、国务院批准设立的具有全国意义的新区，这是以习近平同志为核心的党中央做出的一项重大的历史性战略选择，是千年大计、国家大事。为了更好地服务党中央这一重大决策，中国社会科学院决定在"中国社会科学院京津冀协同发展智库"的基础上加挂成立"中国社会科学院雄安发展研究智库"，继续发挥工业经济研究所的科研优势和学科影响力，着力打造京津冀协同发展和雄安新区发展研究的高水平国家专业智库。

中国社会科学院副院长蔡昉研究员指出，中国社会科学院作为中共中央、国务院的思想库、智囊团，作为国家高端综合智库，有责任、有义务全力服务国家重大发展战略、投身到河北雄安新区这一伟大的实践中去，在雄安新区建设中努力发挥咨政建言、社会服务等重要功能，通过参与雄安新区建设的实践，持续推动理论创新。同时，他还强调，雄安新区总体上应着眼城市功能形态开发，推动生活、生产和生态功能同步规划、协调发展，加快形成主导功能明确、空间集约、产城融合、城乡协调的发展格局。

中国社会科学院工业经济研究所所长黄群慧研究员表示，工业经济研究所是以研究产业经济、区域经济和企业管理三大领域为主的现实应用经济类研究所，近些年来围绕京津冀协同发展问题进行了大量研究。中国社会科学院京津冀协同发展智库已经完成了《京津冀协同发展指数报告》等一批有关京津冀协同发展的科研成果，为推进京津冀协同发展研究提供了有效的智力支持。今后，中国社会科学院雄安发展研究智库将致力于雄安新区发展的相关研究、学术研讨、政策咨询等工作，努力为雄安新区发展贡献自己的学术研究力量。

尤为值得一提的是，论坛还特别邀请了产业界代表发言，华润集团副秘书长兼华润雄安新区专项工作组组长张大为和招商局集团雄安新区开发建设工作办公室主任杨天平分别从各自角度，阐述了大型企业对接雄安新区这一"千年大计"的战略规划和总体思路。

后　记

设立河北雄安新区是以习近平总书记为核心的党中央深入推进京津冀协同发展战略的重大部署，是加快推动北京非首都功能疏解的重大举措。中共十九大报告指出，以疏解北京非首都功能为"牛鼻子"推动京津冀协同发展，高起点规划、高标准建设雄安新区。中国社会科学院雄安发展研究智库的成立是中国社会科学院深入学习和贯彻落实习近平总书记关于京津冀协同发展的重要指示和系列讲话精神的实际行动，也是及时对党中央重大战略部署的积极响应。2017 年 7 月 18 日，中国社会科学院工业经济研究所、中国社会科学院京津冀协同发展智库和经济管理出版社共同举办了"中国社会科学院雄安发展研究智库成立暨京津冀协同发展学术论坛"，王伟光院长、蔡昉副院长出席会议并亲自为雄安发展研究智库揭牌，代表中国社会科学院院党组对智库成立致以衷心的祝贺，并对雄安发展研究智库今后的工作做出重要指示。会上，国家发展和改革委员会、国务院发展研究中心、中国社会科学院、南开大学、北京市社会科学院、天津社会科学院、河北省社会科学院、天津财经大学、河北经贸大学、首都经济贸易大学、雄安新区管委会、华润集团、招商局集团、国家开发投资公司等单位的领导和专家学者受邀出席会议，二十余位专家学者做了精彩的主旨发言，引起了与会者的共鸣与讨论。本次会议共吸引了来自政府、科研机构、高校、新闻媒体、非政府组织、企业等社会各界的 200 多位代表参会，会议取得圆满成功。

本书收集整理了本次会议受邀专家学者和部分中央企业职能部门负责人的发言，这些观点在某种意义上反映了学术界和企业界高度关注雄安新区规划建设与发展，也对雄安新区的美好未来充满期待。同时，本书还收录了《中国社会科学报》、央视新闻客户端、凤凰财经、《经济参考报》等 20 多家报纸、杂志和新媒体对中国社会科学院雄安发展研究智库成立的宣传报道，这些报道及时向外界传递了中国社会科学院雄安发展研究智库成立的信息，这对智库的社会影响力提升具有重要的意义。

中国社会科学院雄安发展研究智库是依托中国社会科学院工业经济研究所的学科优势和科研力量，在中国社会科学院京津冀协同发展智库的基础上加挂成立的院级专业智库，是中国社会科学院国家高端智库建设试点的组成部分。雄安发展研究智库成立以后将继续贯彻落实习近平总书记关于京津冀协同发展和雄安新区的重要讲话和指示精神，深入学习中共十九大报告，按照中国社会科学院院党组的有关要求，坚持服务国家重大战略，按照建设有中国特色、中国风格、中国气派的特色新型智库要求，邀请政府、地方社科院、高校、央企、媒体、金融机构等单位成为理事会员，积极探索建立政、产、学、研、媒、融共同参与的智库协作网络，并与京津冀协同发展领导小组办公室、雄安新区管委会、保定市政府等有关政府机构深入对接，开展系列重大研究课题，及时服务决策需要，适时发布一批高水平的智库成果。我们将整合优势资源，集中优秀力量，创新组织方式，用较短时间将这个专业智库建设成为具有国际影响力的雄安新区发展高端研究平台，确立中国社会科学院在雄安新区发展研究中的突出地位。

本书能在如此短的时间内结集出版是与发言专家的大力支持和密切配合分不开的。会后，发言专家们对会议发言速记稿进行修改和完善，并补充了部分观点，进一步丰富了本书的内容。经济管理出版社社长兼总编辑杨世伟先生、副总编辑张永美女士以及编辑王格格、胡茜等同志为本书的编校和出版做了大量工作，中国社会科学院工业经济研究所智库办公室叶振宇主任、崔志新博士出色地完成书稿整理工作，在此对他们的辛勤工作致以诚挚的谢意，并对参加组织这次会议的工作人员一并致以衷心的感谢！本书的出版将是中国社会科学院雄安发展研究智库工作的良好开端，希望社会各界继续关注和支持智库发展。

黄群慧

2017 年 10 月 25 日